麦读
MyRead

走向上的路　追求正义与智慧

随着岁月的流逝，

当我越来越多地思考司法过程的本质，

我已经接受这种不确定性，

因为我已逐渐明白，

它是不可避免的。

我已逐渐明白，

司法过程的最高境界不是发现，

而是创造。

[美]

本杰明·卡多佐

BENJAMIN CARDOZO

著

THE NATURE OF
THE JUDICIAL PROCESS

司法过程的本质

王绍喜 译

中国民主法制出版社
全国百佳图书出版单位

本书为作者于 1921 年在康涅狄格州纽黑文市耶鲁大学法学院所做的

威廉 · 斯托尔斯讲座的讲稿

THE NATURE OF THE JUDICAL PROCESS

根据耶鲁大学出版社 1921 年版英文版翻译

＊我们首先要探究的是，法官从何处发现法律，并将它体现在判决书中？

＊法官的一生都在跟他们不认识和无法说出的因素（遗传本能、传统观念、后天信念）进行较量，因此形成一种人生观、一种社会需求观，一种被詹姆斯称作“宇宙的整体逼迫和压力”的意识。

＊除了法官的人格，没有什么东西能够保证正义的实现。

＊只有在无法进行色彩比对时，只有在索引参考无法发挥作用时，只有在不存在决定性的先例时，法官重要的工作才开始。他必须为眼前的诉讼当事人塑造法律。

＊有三种指导力量在对我们法律发挥作用，它们分别是哲学、历史和习惯。

＊当法官被要求说出现有规则在多大程度上应被扩展或限制时，他们应当让社会福利来确定路径、方向和距离。

＊法院可以自由地标出个人自由的界限，以依据理性和正义做出判决。

＊如果规则不起作用，那是它们生病了。如果它们生病了，

它们就不会繁衍同类。

* 我对司法过程的分析所得出的只是这样的结论，逻辑、历史、习俗、效用、公认的正确行为的标准，单独或共同影响法律的发展。

* 如果问题是填补法律的漏洞，我们要寻找解决方案，靠的不是逻辑演绎，而是社会需要。

* 在经过经验的正式检验之后，一条规则被认为与正义感或社会福利不一致，就应毫不犹豫且坦率地进行宣布并完全抛弃该规则。

* 法官应与他们时代的精神保持一致。可是，对这一概述的赞同并不能带我们走上真理的道路。

* 我每天会产生一种新的确信，独立于我们的真理和我们内心的真理存在着不可避免的关系。

* 法律的发展经历了数世纪，永远在形成过程中的是这种新的信仰，它默默地、坚定地消除我们的错误和反常做法。

译者导言

重温司法过程的经典阐释

王绍喜

一

学术界讲究标签。一个学者的标签，在一定程度上代表着他/她的学术成就。然而，学术标签的获得极其不易，因为它不仅需要学者进行持续的甚至是毕生的思考，而且需要有理论创新。一位法官的著作能成为学术标签，就更不容易了。如今，当我们提到“司法过程”这个词时，很多人特别是法律人就会联想到卡多佐的《司法过程的本质》（Benjamin Cardozo，*The Nature of the Judicial Process*，Yale University Press，1921）。这本由耶鲁大学出版社于1921年出版的著作，在今天仍有不少的读者。

《司法过程的本质》是美国法官本杰明·卡多佐1921年在

耶鲁大学法学院所做讲座的讲稿。说起这次讲座，还有一段故事。1918 年，耶鲁大学法学院开始寻找斯托尔斯讲座的主讲人。确定该年度讲座主讲人成为法学院一项常规却也是有些让人发愁的任务。经过内部协商，耶鲁法学院决定邀请时任纽约上诉法院的法官卡多佐担任讲座主讲人。耶鲁的这一决定多少有些不同寻常，因为卡多佐是法官，而不是学者，他很少发表论文，也很少做演讲。卡多佐在当时只是普通法官，不是首席法官，没有行政职务，但卡多佐撰写的一些司法判决书开始引起学界注意，并产生了一些影响。

耶鲁法学院可能以为卡多佐会愉快地接受担任讲座主讲人的邀请，因为这对于受邀请人而言是一项荣誉，何况是耶鲁大学法学院发出的邀请。没过多久，耶鲁法学院就收到了卡多佐的复函。卡多佐在回函中表示，他对法学院邀请他担任讲座主讲人感到惊讶，但他予以拒绝，理由是“没有什么可以说”。同时，卡多佐礼貌性地对耶鲁法学院表示感谢，并说希望以后有机会访问法学院。经过安排，耶鲁法学院院长在其办公室接待了卡多佐，有几位教师陪同。当谈到邀请卡多佐担任讲座主讲人时，卡多佐重复了信中的内容，说他没有什么可以说。这时，一位教师提议：“卡多佐法官，您能否向我们的学生解释一下做出案件判决的过程，以及在这个过程中借助哪些资源?”卡多佐回答说，“我认为可以做得到”。[1]

经过一年的准备，卡多佐于 1921 年 2 月中旬分四天做了讲座。每天 1 个小时，从下午 5 点开始，到 6 点结束。据耶鲁法学院科宾教授回忆，[2] 第一次讲座时，250 人的演讲厅挤满听众。演讲的效果出奇地好。演讲结束后，听众不断地鼓掌，一直未停息，直到卡多佐法官离开会场。第二次讲座移至可以容纳 500 人的场地，同样爆满，第三、四次讲座均是如此。在演讲结束之后，耶鲁法学院提议将演讲稿提交给耶鲁大学出版社出版，卡多佐半认真地说，他不敢出版该讲稿，因为一出版恐怕他就会被弹劾。最后，卡多佐没有坚持，将演讲稿留给了出版社。该书出版第一年，光纽约一地就销售了 3000 册。到 2018 年，该书的销量超过 20 万册。今天，《司法过程的本质》被公认为是一部法律经典。

二

本杰明·内森·卡多佐是美国著名法官，他被认为是美国二十世纪最重要的法官之一，或是“美国法律史上最杰出的法官之一”（考夫曼语）。卡多佐 1870 年出生于纽约市的一个西班

[1] Arthur L Corbin, *The Judicial Process Revisited: Introduction*, 71 Yale Law Journal 197 (1961).

[2] Ibid, p. 197-198.

牙裔犹太人家庭，是家中6个孩子中最小的一个。父亲阿尔伯特·卡多佐是纽约州最高法院的法官。在卡多佐2岁时，因为涉嫌司法腐败，阿尔伯特被迫辞去法官职务，而后成功地转型为执业律师。在少年时，卡多佐即失去双亲。9岁时，他的母亲去世，15岁时，他的父亲去世。因此，卡多佐是在他的大姐埃伦的照料下长大的。卡多佐终身未婚，一直和姐姐埃伦一起居住。

尽管父母早逝，卡多佐的家境尚属殷实，住在纽约市的麦迪逊大道。15岁时，在私人教师霍雷肖·阿尔杰的辅导下，卡多佐顺利地考入哥伦比亚学院，[1] 主修人文科学特别是哲学。毕业时，卡多佐才19岁，成绩在班里名列前茅。1889年，卡多佐进入哥伦比亚大学法学院攻读法律学位，之所以决定学习法律，是因为他想洗刷父亲带给家庭的名誉污垢。在法学院学习2年后，卡多佐离开法学院，虽然没有取得学位，但因修完相关课程而获得文科硕士学位。[2] 可能是因为卡多佐要通过律师执业来谋生，因为在当时只有他的哥哥在赚钱养家。

1891年卡多佐开始从事法律工作，同年取得律师和法律顾问执业证书。卡多佐先是加入他父亲之前所在的律师事务所，后来作为合伙人将该所与其他律师事务所合并。他的业务主要

---

[1] [美] 考夫曼：《卡多佐》，张守东译，法律出版社2001年版，第25-28页。
[2] 同上，第47页。

是为中产阶级提供法律服务，很快就能独当一面。在执业的头一年他就赢得5场不同的诉讼，树立起了自己的名声。在工作的头5年，他就至少代理了24个不同的案件。[1] 他成为一名非常成功的诉讼律师，1903年，卡多佐出版了利用业余时间撰写的自己的第一本书《纽约州上诉法院的管辖权》。[2] 由于声名远扬，在从事20年的律师工作后，卡多佐在1913年被推荐担任纽约州最高法院的法官，但仅在1个月后被指派到纽约上诉法院工作。1917年，卡多佐被推选为纽约上诉法院的法官。1927年，卡多佐被推选为纽约上诉法院的首席法官。在纽约上诉法院，卡多佐撰写了很多著名的司法判决意见书，例如Palsgraf案、Macpherson案、Meinhard案，使得卡多佐声名远扬，也使该法院成为对美国司法有重要影响的法院。1932年，经当时的美国总统胡佛提名，卡多佐接替霍姆斯担任美国最高法院法官。1938年夏天，卡多佐因病去世。

三

一本基于讲稿出版的法律著作，何以产生那么大的影响？卡多佐到底在书中讲了什么？

---

〔1〕［美］考夫曼：《卡多佐》，张守东译，法律出版社2001年版，第63页。
〔2〕同上，第92页。

司法的过程是什么样的过程呢？当卡多佐准备讲稿时，他必定对这个问题进行了深入思考。正如他在《司法过程的本质》开篇所说的：

“在裁决案件时，我实际上做了什么？我以哪些信息资源来作为指导？在多大程度上，这些信息影响了判决的结果？在多大程度上，这些信息应当影响判决的结果？如果有适用的先例，在什么时候我拒绝遵循它？如果没有适用的先例，我将如何得出作为未来先例的规则？”[1]

卡多佐谦虚地说，对这些问题的探究需要有深厚的学术素养。在这样的人还没有出现之前，作为司法实践操作者的他愿意就此进行探讨。卡多佐指出，上面提到的这些内容虽然是法官每天在做的事情，但要让他们回答和描述司法的过程是有困难的，因为涉及很多的问题。卡多佐认为，第一个要弄清楚的是法律的渊源问题。这里涉及宪法、制定法和普通法的关系问题。宪法是最重要的，其次是制定法。当时流行的观点认为，法官必须遵守制定法。卡多佐承认，一般而言，在制定法足够明确时，法官遵循法律的规定作出裁决就可以了。但是，在制定法滞后于社会发展而出现漏洞时，法律就是不确定的，此时法官所要做的是制定法律。卡多佐说他曾对法律的不确定性感到困惑，后来他明白了问题的所在。他说：

---

〔1〕 *The Nature of the Judicial Process*, p. 10.

"随着岁月的流逝，当我越来越多地思考司法过程的本质，我已经接受这种不确定性，因为我已逐渐明白，它是不可避免的。我已逐渐明白，司法过程的最高境界不是发现，而是创造。"〔1〕

卡多佐指出，法官在进行法律解释时不是任性的，要遵循一定的方法。卡多佐将它们归纳为类推的方法或哲学的方法、历史的或进化的方法、传统的方法以及社会学的方法。第一种方法是哲学的方法或类推的方法。哲学的方法对于法官是重要的，因为诉讼当事人不希望法官同案不同判，这违反了人们对正义的情感。"如果他是通过哲学的方法去塑造法律，他就会追求智识上形式和实质的对称性。但是，他所要做的不仅仅是这些。他使法律真正能回应强烈的、迫切的情感。"〔2〕因此，要摆脱侥幸和偏袒的干扰，在缺乏其他的标准时，哲学的方法就是法院的推理工具。

哲学的方法不是法院适用的唯一方法，与它相竞争的是历史的方法或进化的方法。这是第二种方法。在卡多佐看来，历史的方法是重要的，因为某些法律概念是完全由历史造成的，有的领域没有历史就无法取得进步。只有将它们放在历史中，诸如封建土地占有制、对非限定继承地产权和终身保有地产权

〔1〕 *The Nature of the Judicial Process*, p. 166.

〔2〕 Ibid, p. 35.

的权利义务的区分等概念才能被理解。历史的作用在于："历史在阐明过去时，也阐明现在，在阐明现在时，也阐明将来。"[1] 然而，当哲学的方法或历史的方法无法确定原则发展的方向时，习惯就会介入。这时法官就要考虑习惯或传统的方法。此即第三种方法。习惯在过去的作用是重要的，它曾是英格兰的三大法律支柱之一。尽管如今习惯的地位没有以往重要，但它仍然是法官需要考虑的，习惯可以决定是遵守还是偏离已确立的一般性标准。"在决定是否达到这个标准时，法官应当考虑普通人在这些问题上的生活习惯、日常信念和实践。"[2]

卡多佐指出，当哲学的、历史的和传统的方法都无法满足社会需求时，就要考虑社会学的方法。"逻辑、历史和习惯各有其位置。在可能时，我们会将法律塑造得与它们相一致，但只是在一定的限度之内。法律所服务的目的将支配它们。"[3] 卡多佐认为，法律的终极目标是社会的福利。社会福利是起决定性作用的，"当法官被要求说出现有规则在多大程度上应被扩展或限制时，他们应当让社会福利来确定路径、它的方向和距离"。[4] 卡多佐从部门法的角度论证了社会学的方法的运用。在宪法领域，宪法性自由的概念是随着时代发生变化的，为了

---

〔1〕 *The Nature of the Judicial Process*, p. 53.

〔2〕 Ibid, p. 63.

〔3〕 *The Nature of the Judicial Process*, p. 66.

〔4〕 Ibid, p. 67.

适应社会现实需要而对制定法进行解释时，法官不是完全自由的，他应当遵从客观的标准。在私法领域也是如此。法律的新的形式会打上社会需求和社会价值的烙印，而这一社会需求和社会价值正在显现出来，想要获得承认和影响力。[1]

因此，卡多佐对司法过程的结论是："……逻辑、历史、习俗、效用、公认的正确的行为的标准，单独或共同影响法律的发展。在具体案件中，这些力量中哪一种起支配作用，在很大程度上取决于所促进或受损害的社会利益的相对重要性或价值。"[2]

四

卡多佐的《司法过程的本质》是他为数不多的著作中最为知名的。《司法过程的本质》已经成为卡多佐的学术标签。如果提到"司法的过程"，可能很多人就会直接想到卡多佐。这本书的影响力可以从它的销量得到一定程度的揭示。据统计，在美国，从 1921 年到 1960 年，总共销售了 24, 805 册，而从 1960 年到 1994 年，该书的销量猛增到 156, 637 册，而自 1994 年到 2018

---

〔1〕 *The Nature of the Judicial Process*, p. 97.

〔2〕 Ibid, p. 112.

年，该书又销售了将近 18,000 册。[1] 对于一本法学著作而言，这是极其罕见的。

自出版之后，《司法过程的本质》就受到高度评价。耶鲁法学院合同法教授科宾认为，这本书是一部法学经典。著名法官汉德认为，卡多佐此书纠正了以往认为法官只是机械适用既有规则的观点，指明了法官裁判中应考虑的不同因素。哥伦比亚大学法学院院长斯通教授认为，这是第一本以简明、容易理解的语言描述法官裁决案件的智力过程的书，高度赞扬道，此书对法律和立法过程提出了一种新颖的、富有成效的观点。多兹教授在《美国政治学评论》中指出，卡多佐揭开了司法神圣的面纱，表明法官的观点像普通人和律师那样受到各种因素的影响。圣易路斯大学法学院的戈尔茨坦教授认为，在出版近一个世纪之后，法科学生及其老师以及希望了解美国司法过程的那些人应当阅读和赞美卡多佐的《司法过程的本质》。[2]

当然，《司法过程的本质》也不乏一些批评者。美国最高法院法官弗兰克福特认为，该书对于裁判实际的案件没有帮助。[3]

---

[1] Joel K. Goldstein, *The Nature of the Judicial Process: The Enduring Significance of a Legal Classic*, 34 Touro Law Review 172, 173 (2018).

[2] 对该书评价的归纳，可参见 Joel K. Goldstein, *The Nature of the Judicial Process: The Enduring Significance of a Legal Classic*, 34 Touro Law Review 169 - 173 (2018).

[3] Ibid, p. 160.

波斯纳法官认为，作为司法技艺手册，该书是很无用的。[1] 耶鲁大学教授吉尔莫认为，该书几乎没有思想内涵。[2] 不过，即使是这些批评者，也无法否认这本书的价值。例如，波斯纳法官承认，这本书作为一部法理学著作被大量引用。[3] 对于吉尔莫认为该书没有思想内涵的观点，波斯纳表示不认同，他认为，《司法过程的本质》在近 70 年后仍在出版，含有大量的智识内容。[4] 即使是吉尔莫也承认，《司法过程的本质》和霍姆斯的《普通法》是美国法理学历史上最著名的两本书。[5] 事实上，《司法过程的本质》一书的观点被很多法官的司法判决所引用，说明该书的影响力不仅仅停留在学界，而且得到美国法官同行们的认可和尊重。

五

读者们可能会问，写于一个世纪前的这本书，在今天的中国有什么意义呢？我认为，它的意义主要体现在三个方面：

---

〔1〕 Richard. A Posner, *Cardozo: A Study in Reputation*, The University of Chicago Press, 1990, p. 19, note 38.

〔2〕 Grant Gilmore, *The Age of American Law*, Yale University Press, 2014, p. 68.

〔3〕 Richard A. Posner, *Cardozo: A Study in Reputation*, The University of Chicago Press, 1990, p. 20.

〔4〕 Ibid, p. 19.

〔5〕 Grant Gilmore, *The Age of American Law*, Yale University Press, 2014, p. 68.

第一，促进理论和实践的沟通。《司法过程的本质》既是一本对司法实践进行总结的书，也是一本法学理论著作。就前者而言，作者阐述了法官在作出司法裁判时所采用的方法，包括哲学的方法、历史的方法、传统的方法和社会学的方法。在进行阐述时，卡多佐通过很多的案例进行论证。正如波斯纳法官所言："《司法过程的本质》是一位法官解释法官如何推理的首个体系性的思考。"[1] 不仅于此，卡多佐的阐释站在法理的高度，该书中所蕴含的法理思想是使它获得持久生命力的重要原因。借用波斯纳法官的话："而且它是一位法官阐述一种司法哲学的首个严肃的思考。"[2] 因此，可以说，这是一本理论和实践相结合的佳作。在我国当下，法学理论和法律实践相脱离的情况比较严重，理论体系建构天马行空，而法律实践或法律现实则在很大程度上被忽视。这种情况显然不利于法学理论和司法实践的良性互动。在促进理论和实践沟通方面，《司法过程的本质》提供了一个范例。

第二，为我国法官思考司法问题提供一个视角。这是一位法官基于自己的经验所写的书，应当能引起我国法官群体的认同和共鸣。从司法实践来看，经过多年的发展，我国法官的司

〔1〕 Richard A. Posner, *Cardozo: A Study in Reputation*, The University of Chicago Press, 1990, p. 32.

〔2〕 Richard A. Posner, *Cardozo: A Study in Reputation*, The University of Chicago Press, 1990, p. 32.

法裁判水平已经有了长足的发展。尤其是一些发达地区，法官的理论水平比较突出，对于理论的关注也比较多。如果将我国这些发达地区的情况与美国相比，可以发现两者具有某种相似性，即发达地区的司法裁判水平更高。例如，在美国，纽约州、宾夕法尼亚州和加利福尼亚州等州的司法案例影响力更大；在我国，广东、江苏、浙江等地法官的理论素养整体上较好。对于这些地区的法官，完全可以通过自己的司法判决书在全国范围产生影响。例如，可以通过提供更多的指导性案例素材，为我国的司法裁判事业作出贡献。尽管我们不必将卡多佐此书当作金科玉律，但不妨碍我国的法官从此书汲取一定的营养。

第三，更多地关注和强调法律现实。近年来，我国司法实践取得了长足的进步。从最高人民法院的一些判决，我们可以看到它对于社会需求的积极应对。我国法学界开始关注法律实践，社科法学和法律的实证分析也对法律实践给予了一定的关注。然而，整体而言，作为法学理论的社科法学和法律的实证分析似乎比较关注个案分析，其理论优先性甚为明显，对于法律现实的分析仍有待提升。在民商法等部门法领域，学者对案例有一定的关注，但法教义学分析仍然是学界的主流，学术论文中各种理论体系建构屡见不鲜。学者过于强调法律规则和法学原理的结果，对事实关注不够。在这方面，《司法过程的本质》恰恰强调要关注法律现实，并根据法律现实去调整法律规则。正如卡多佐所言，“现实主义的精神应当在当前规则和当前需求之间带来一种和谐”“司法职能坚持对人的需求作出回应”“不同时代的差异并不在于认可法律自身要符合目的这种需求。毋宁是，由于目的的性质，法律需要符合目的。”类似的表述在《司法过程的本质》中比比皆是，它们提示我们要关注法律现实，关注社会需求。

今天，当我们重温《司法过程的本质》这部经典时，或许我们想知道的，并不只是卡多佐向读者所揭示的美国的司法过程是什么样的。毋宁是，为什么卡多佐会从这个角度来揭示司法过程的本质，卡多佐是如何来揭示这一司法过程的，为什么这本书能成为法律经典。或许，正是在种种的追问中，我们的法学理论和法律实践才会不断地取得进步，从而为中国司法过程的探讨作出实质性的贡献。或许，这才是我们今天重温司法过程的经典阐释的最大意义。

目录

第一讲

导论、哲学的方法

在我们国家，成百上千的法院每天都在从事裁决工作。人们可能认为，让法官描述他们遵循了成千上万次的过程是很容易的。事实远非如此。如果一些聪明的外行人要求法官解释，法官用不了多久就会找借口说，没有接受过这项技艺训练的人无法理解他们的专业用语。这种借口在体面的幌子下掩盖了不光彩的逃避，但它很难抑制好奇心和良知的不安。在静心反省时，如果不必以故作高深来敷衍没有经验的对话者，这个棘手的问题就会反复发生，并促使我们给出回答。在裁决案件时，我实际上做了什么？我以哪些信息资源来作为指导？这些信息，在多大程度上影响了判决的结果？又应当在多大程度上影响判决的结果？如果有适用的先例，我在什么时候拒绝遵循它？如果没有适用的先例，我将如何得出作为未来先例的规则？如果我寻求的是逻辑一致性和法律结构的对称性，我在多大程度上去寻求？在哪个节点上，这一探求应当让步于某些与其不一致的习惯、社会福利因素、我个人的或普遍的正义和道德标准?在法院每日酿造的这一大锅奇怪的混合物中，所有这些成分占有不同的比例。我在这里不打算探究，是否应当允许法院酿造这一混合物。我将法官创制的法律（judge-made law）看作是现有的生活事实之一。在我们面前，就存在这个酿造过程。每一个法官席上的法官都参与了酿造。这些因素不是偶然地汇集到一起的，而是存在某些原则。无论这些原则是未公开宣传的、难以表达清楚的或是潜意识的，它们对注入内容进行调节。它可能不是某一时刻所有法官都适用的同一个原则，也不是某个法官始终适用的同一个原则。但是法官选择了某个原则，而不是屈服于命运的安排。即使决定这一选择的考虑因素和动机经常是模糊不清的，对它们却并不是完全无法作出分析。我将试图进行分析。我认为，有必要对意识因素和潜意识因素进行区分。我并不是说，人们对我归入前者的那些考虑因素和动机有清晰的意识，一眼就可以认出和说出它们。更为常见的是，它们贴近意识的表层。然而，它们可以被区分和标记，一旦被贴上标签，它们很快就会作为行为的指导原则获得认可。更加难以察觉的是掩藏在意识表层深处的影响因素，只有将它们归入潜意识因素的类别才是合理的。通常正是通过这些潜意识因素，法官才能自己保持前后一致，并保持与其他法官的不一致。在关于实用主义的讲稿中，威廉·詹姆斯以一段生动的话提示我们，事实上，我们每个人都有自己的生活哲学，即使对于我们当中那些没有听说过或憎恨哲学名称和概念的人，也是如此。我们每个人都有一种主导的倾向（a stream of tendency），为我们的思想和行动提供一致性和指导，无论我们是否将它称为哲学。[1] 法官和其他人一样无法摆脱这种倾向。法官的一生都在跟他们不认识和无法说出的因素（遗传本能、传统观念、后天信念）进行较量，因此形成一种人生观、一种社会需求观，一种被詹姆斯称作“宇宙的整体逼迫和压力”的意识。在各种理由得到很好的平衡时，这些因素将决定最终的选择。在这种思想背景下，每一个问题都有它的产生环境。我们可以按照意愿尽可能客观地对事物进行观察。但是，我们只能通过自己的眼睛去观察。无论是一份诉状还是一项国会立法，无论是穷人的不法行为还是亲王的权利，无论是一个乡村规约还是一个国家宪章，都要接受这样的检验。

我无法以自圆其说的方式为这一司法过程提供合理的解释，对于其他人来说就更难信服了。在对法官创制的法律进行研究时，我们应当运用华拉斯先生曾用于政治分析并产生良好效果的定量分析方法。[2] 要做好这项研究，需要有比我更深厚的学术素养。然而在找到具备该学术素养并将它应用于这项工作的人之前，或许可以由具有一时兴趣的、日复一日地维护司法过程运转的积极行动者揭开司法过程的本质。这是我对自省式探

---

〔1〕 Cf. N. M. Butter, “Philosophy”, pp. 18, 43.

〔2〕 “Human Nature in Politics”, p. 138.

究司法过程的本质的辩解。

在我们确定混合物的比例之前，我们必须了解被混合的成分。我们首先要探究的是，法官从何处发现法律，并将它体现在判决书中。有时，这个渊源是显而易见的，因为宪法或制定法提供了适用于案件的规则。如果是这样，法官就不需要继续探究了。一旦这种对应关系得以确定，他的职责就是服从。宪法高于制定法，与宪法一致的制定法高于法官创制的法律（the law of judges）。在这个意义上，法官创制的法律是第二等的法律，它从属于立法者制定的法律。事实上，法典和制定法的存在并没有使法官显得多余，法官的工作也并不草率、机械。有漏洞就要填补，有疑问或歧义就要澄清。对于无法避免的苦难（hardships）和不公正行为（wrongs），就需要进行缓和。人们通常将解释说成只是探究和发现立法者心目中含义，该含义被认为是真实、确定的先存之物，而无论它有多么模糊或隐蔽。有时司法过程的确就是这样，但通常并不不仅如此。在赋予制定法具体条款的含义时，对立法意图的确定可能只是法官面临的一个小麻烦。“事实是”，格雷在他的讲稿《法律的性质和渊源》中说道,[1]“所谓的解释困难发生在以下情形：立法者完全没有对含义作出规定；当时的立法者从未想到今天对制定法提出的问题；法官应当做的不是确定立法者就某个问题所想到的含义，而是猜测对于立法者从没有想过的某个问题，如果想

[1] Sec. 370, p. 165.

到了，它的意图会是什么”。[1] 布吕特也说：“法律适用方法的一项重要任务，是更深入地发掘实在法的深层含义。然而，更为重要的是要完成这一制度的第二项任务，即对在实在法中所发现的漏洞进行或大或小的填补。”[2] 如果你愿意，可以将这一个过程称为立法。无论如何，任何制定法体系都不能摆脱这一需要。今天，欧洲大陆的一个重要法学流派要求赋予法官更大的自由，来对法律进行修改和解释。他们说，制定法通常是不完整的、考虑欠周的、不公正的。作为社会中的法律和秩序含义的解释者，法官应填漏补缺，纠正不确定性，并通过自由决定的方法——“自由的科学探究”，使审判结果和正义相协调。这是惹尼、埃利希、格梅林以及其他人的观点。[3] 法院将“从各种有生命力的社会因素寻找指引，而这些因素就藏在他们所处理事实的背后”。[4] 法官手中的权力很大，如同一切权力，也会被滥用，但我们不会在权力授予问题上退缩。因为，从长远来看，“除了法官的人格。”[5] 埃利希说，“没有什么东西能

---

〔1〕 Cf. Pound, “Courts and Legislation”, 9 Modern Legal Philosophy Series, p. 226.

〔2〕 “Die Kunst der Rechtsanwendung”, p. 72.

〔3〕 “Science of Legal Method”, 9 Modern Legal Philosophy Series, pp. 4, 45, 65, 72, 124, 130, 159.

〔4〕 Gény, “Méthode d' Interprétation et Sources en droit privé positif”, vol. II, p. 180, sec. 176, ed. 1919; transl. 9 Modern Legal Philosophy Series, p. 45.

〔5〕 Cf. Gnaeus Flavius (Kantorowicz), “Der Kampf um Rechtswissenschaft”, p. 48: “Von der Kultur des Richters hangt im letzten Grunde aller Fortschritt der Rechtsentwicklung ab.”

够保证正义的实现”。[1] 我们国家和法律中现有的问题，同样是方法问题，同样是法律字义和法律精神的反差问题。我认为，特别是在宪法领域，这种自由决定的方法已经成为今天占主导地位的方法。宪法具有极大的概括性，其内容和含义随着时代的不同而发生变化。自由决定的方法透过那些阶段性的具体问题看到掩盖在背后的永恒本质。经过这样扩大，解释就变成不只是对宣告集体意志的立法者的含义和意图的确认，通过与构建习惯法的相同的程序和方法，解释还对宣告作出补充，对空白进行填补。法典和其他制定法可能会以压制、废止或压缩的方式来威胁司法的这一功能。这一功能正是通过坚持对人们需求的回应而不断蓬勃发展，维持至今。优士丁尼禁止对优士丁尼法典编纂者的作品进行评论，这一禁令之所以被人们记住，是因为它毫无效果。[2]

我暂时不想多谈宪法和制定法作为法律渊源的重要性。在解释和发展宪法和制定法时，法官有自己的问题和困难，但它们在种类和程度上与其他领域困扰他的问题和困难并没有什么不同。我认为，如果那些领域被探究，宪法和制定法这些问题和困难就可以得到更好的研究。有时，宪法或制定法的规则是清晰的，因此这些困难就会消失。即使出现困难，它们有时也

[1] p. 65, supra; “Freie Rechtsfindung und freie Rechtswissenschaft”, 9 Modern Legal Philosophy Series.

[2] Gray, “Nature and Sources of the Law”, sec. 395; Muirhead, “Roman Law”, pp. 399, 400.

缺少与创造力相伴随的某些神秘因素。在宪法和制定法都沉默时，我们进入了神秘之地，法官必须从普通法寻找适合案件的规则。用布莱克斯通栩栩如生的表述来说，法官是“活着的法律传达者”。观察行动中最后说了算先生（Sir Oracle）[1]，以不带偏见的现实主义眼光来观察他的工作，看看他是如何开始着手做自己的工作的。

法官首先要做的是将眼前的案件与先例进行比较，无论先例是储存在他的头脑里还是隐藏在书本中。我并不是说，先例是最终的法律渊源，提供了法律军械库所需要的唯一装备，借用梅特兰的话，提供了“法律工匠”（in the legal smith）的唯一工具。[2] 先例的背后是基本的法律概念，它们是司法推理的先决条件。更后面的是生活习惯和社会制度，这些概念源于生活习惯和社会制度，通过相互作用的过程，这些概念又反过来对生活习惯和社会制度进行修正。[3] 尽管如此，在一个像我们这样高度发达的法律制度中，先例已经是无所不包，以至于确定了法官开始工作的起点。几乎毫不例外地，法官第一步是对先例进行审查和比较。如果先例明明白白、切中要害，那么法官就无须考虑其他的事了。至少对于我们的法律来说，遵循先例是日常工作规则。我在稍后将谈到在例外情况下对这一规则进

〔1〕 Sir Oracle 指说一不二的人。——译者注

〔2〕 Introduction to Gierke's “Political Theories of the Middle Age”, p. viii.

〔3〕 Saleilles, “De la Personnalité Juridique”, p. 45; Ehrlich, “Grundlegung der Soziologie des Rechts”, pp. 34, 35; Pound, “Proceedings of American Bar Assn. 1919”, p. 455.

行缓和是否恰当。但是，除非这些例外情况出现，依据明显符合案件的先例来裁决案件的工作，在性质上类似于按照制定法来裁决案件的过程。这是一个查找和比较的过程，仅此而已。有些法官在处理案件时很少跳过这一过程。他们对自己工作的理解，是将手头案件的色彩与他们桌子上放着的很多样本案件的色彩进行比对。色度最接近的样本案件提供了适用的规则。但是，当然了，没有一个有活力的法律制度是通过这样的过程来发展的，也没有一个尽职的高等法院的法官会如此狭隘地理解他的职责。如果这是我们职业的全部，那么对于它就没有什么智识上的兴趣可言了。对案件最熟稔于心的人（the man who had the best card index of cases）就会是最睿智的法官。只有在无法进行色彩比对时，只有在索引参考无法发挥作用时，只有在不存在决定性的先例时，法官重要的工作才开始。他必须为眼前的诉讼当事人塑造法律。在法官为这些当事人塑造法律时，他也是在为其他人塑造法律。培根的经典表述："很多时候，引发司法裁判的可能是你我之间的私事，但其缘由和后果可能涉及到国家事务。"[1] 今天的判决将决定明天的是与非。如果法官能够明智地作出宣判，就必须有某些原则指导他从各种为了获得认可而相互竞争的可能的判决中作出选择。

如同其他生活一样，在思想生活中，存在一种同类繁殖的倾向。每个判决都有再生能力（generative power），按照自己的

〔1〕"Essay on Judicature."

形象进行繁殖。每个先例，用雷德利克的话来说，具有“对于未来相同或类似的案件的指导力”。[1] 在判决宣判之前，案件还没有处于平衡状态，它的形式和内容是不确定的，在诸多原则中，每一个原则都可能对它进行控制和施加影响。一旦判决被宣布，它就成为先例家族的新成员，它具有至关重要的影响力。它是法律的渊源，从它产生的新的原则或规范对此后的判决产生影响。我认为，如果我们寻求这一倾向的心理基础，我们将发现它存在于习惯之中。[2] 无论它的心理基础是什么，先例是我们法律中一种有生命力的力量。然而，从判决衍生（begotten of）的原则并不都能存活下来。在经验的检验标准面前，那些不能证明自身价值和优势的先例，会被毫不留情地舍弃，扔进废物堆。普通法的运作并不是从预设的普遍真理和永恒不变的效力推导出结论的。它的方法是归纳的，从具体推出一般。芒罗·史密斯令人钦佩地表述了这个过程：“为了以规则和原则明确表述社会正义观，法律调查专家所用的方法总是实验性的。判例法规则和原则从来不是被当作终极真理，而只是作为权宜假说（working hypotheses），持续地在作为大型法律实验室的法院接受重新检验。每个新案件都是一个实验。如果人们认为可能适用的公认规则产生不公正的结果，则将重新考虑这条规则。

---

〔1〕 Redlich, “The Case Method in American Law Schools”, Bulletin No. 8, Carnegie Foundation, p. 37.

〔2〕 McDougall, “Social Psychology”, p. 354; J. C. Gray, “Judicial Precedents”, 9 Harvard L. R. 27.

也许不是立即对它作出修改，因为试图在每个案件都实现绝对的公正将导致无法发展和维持一般规则。但是，如果一个规则不断地带来不公正的结果，就要对它进行重新表述。这些原则自身不断地接受检验。如果从原则推出的规则不好用，就要对这个原则进行重新审视。"〔1〕

让我们以一个例子来说明重新检验和重新表述这一过程的运作方式。在五十年前，我认为它被表述为一个一般的原则，只要甲的行为不构成妨害（nuisance），甲可以随心所欲地做生意，即使他的目的是使乙遭受损害。〔2〕 专门为了刁难邻居而建立的恶意墙篱（spite fence）是一个老生常谈的例子（the stock illustration）。在这种情形下，行为人不承担责任与其说是例外，不如说是规则。〔3〕 这一规则已成为合乎需要的、起作用的原则，用来调整某个简单或同质社会的个人或阶层相互之间的关系。随着社会关系日益复杂，它的不足就显现出来了。由于具体的争议成倍增加，人们试图以旧的原则来检验这些争议，人们发现结果中存在某些错误，这就导致对这个原则进行重新表述。今天，大多数法官倾向于认为，那个过去被认为是例外的才是规则，过去是规则的只是例外。如果没有合理、正当的理由，

〔1〕 Munroe Smith, "Jurisprudence", Columbia University Press, 1909, p. 21; cf. Pound, "Courts and Legislation", 7 Am. Pol. Science Rev. 361; 9 Modern Legal Philosophy Series, p. 214; Pollock, "Essays in Jurisprudence and Ethics", p. 246.

〔2〕 Cooley, "Torts", 1st ed., p. 93; Pollock, "Torts", 10th ed., p. 21.

〔3〕 Phelps v. Nowlen, 72 N. Y. 39; Rideout v. Knox, 148 Mass. 368.

甲不得从事以损害他人为目的的事情。[1] 这就有了一种新的概括，如果适用于新的具体事实，它的结果就与过去的具体争议更加和谐。而且，更为重要的是，它与社会福利更加一致。修订的工作是逐步的，是缓慢的，它的影响要以几十年甚至是几个世纪来衡量。如果这样衡量，人们就可以看到它们背后是类似冰川移动的那种力量和压力。

如果我们回顾原则的作用，我们就不会低估它已经发挥的影响力。“没有哪种信念是不可动摇的，没有哪个曾被公认的教条是不可置疑的，没有哪个被一致认可的传统是不会受到瓦解的威胁的。”[2] 这些是一位传记和文学批评家在四十年前写下的话，他观察到他所处的时代不断增长的怀疑主义。我想将他的话应用于法律史。今天的规则很少与过去的对立规则相一致。一个人对自己的行为承担绝对责任在今天是一个例外。通常，他必须有某种过错，无论是有意的还是过失的。曾经有过这样的时期，绝对责任是一般规则。[3] 在最近的立法中，我们可以

---

〔1〕 Lamb v. Cheney, 227 N. Y. 418; Aikens v. Wisconsin, 195 U. S. 194, 204; Pollock, “Torts”, *supra*.

〔2〕 Arnold, “Essays in Criticism”, second series, p. I.

〔3〕 Holdsworth, “History of English Law”, 2, p. 41; Wigmore, “Responsibility for Tortious Acts”, 7 Harvard L. R. 315, 383, 441; 3 Anglo-Am. Legal Essays 474; Smith, “Liability for Damage to Land”, 33 Harvard L. R. 551; Ames, “Law and Morals”, 22 Harvard L. R. 97, 99; Isaacs, “Fault and Liability”, 31 Harvard L. R. 954.

发现偶尔有倒退到早期责任类型的情况。[1] 在今天，相互允诺会产生债务，对债务的违反会导致赔偿损失请求权。也曾经有过这样的时期，除非允诺是以盖印方式作出的，这种债务和救济是不为人所知的。[2] 在今天，诉权可以被转让，受让方可以通过起诉来获得判决，尽管他受让的目的是进行诉讼。曾经有过这样的时期，诉权是不允许转让的，包揽这种诉讼将构成犯罪。在今天的欺诈之诉中，并不要求证明已违反待履行的承诺（executory promise）。但我们的法律对违反待履行的承诺提供了救济，因为这种行为被认为是欺诈。[3] 这些变化或者说大部分的变化是由法官造成的。造成这些变化的法官所用的工具与我们今天法官使用的工具是一样的。在这个或那个案件中作出的这些变化，在发生时似乎没有那么重要，但将这一过程被放在更长的岁月中来看，案件的结果就不只是补充或修改，它带来革命和转变。这是因为，对于每种倾向，总会有相反的倾向。对于每一条规则，都会有对立的规则。没有事物是稳定不变的，没有事物是绝对的，所有的事物都是流动的，是可变的。世界

---

〔1〕 Cf. Duguit, "Les Transformations générales du droit privé depuis le Code Napoléon", Continental Legal Hist. Series, vol. XI, pp. 125, 126, secs. 40, 42.

〔2〕 Holdsworth, *supra* , 2, p. 72; Ames, "History of Parol Contracts prior to Assumpsit", 3 Anglo-Am. Legal Essays 304.

〔3〕 Holdsworth, *supra*, 3, pp. 330, 336; Ames, "History of Assumpsit", 3 Anglo-Am. Legal Essays 275, 276.

是一个无穷无尽的“变成”。我们回到了赫拉克利特的观点。[1]我认为，正是这一描述留给我们思维的一般的或总体的印象。毋庸置疑，在过去的三个世纪里，某些曾经摇摆不定的看法已经固定下来。在今天，我们把更多的变化留给立法者，将也许较少的变化留给法官。[2] 然而，即使是在今日，每隔十年也会有变化。冰川仍然在移动。

在不断的变迁中，法官所面临的实际上是一个双重问题：首先，他必须找出先例的基本原则，即判决理由，然后，他必须确定这一原则移动和发展的路径或方向，否则它将枯萎、死亡。

相比于这个问题的第二部分，我们习惯于更自觉地讨论这个问题的第一部分。案件不会因为我们的提问而自动地将其原则展示给我们。它们缓慢地、艰难地揭示（yield up）其原则。在了解案件（instance）的实际情况之前，我们无法从案件得出一般性结论。这是一项不容易的工作。由于提交给我们裁决的事实通常被难懂的附带意见（dicta）进行了包装，我们必须将它们剥掉，并抛弃一边。法官们在尊重其前辈的例证、解释和附带说明（side-remarks）方面分歧很大，更不用说他们自己的判决了。所有的法官都同意，在判决意见书归档时，可能还有

---

〔1〕 赫拉克利特（公元前535—公元前475年），希腊哲学家，主张宇宙处于永不止息的变化状态中，认为没有什么东西具有永恒的性质。——译者注

〔2〕 F. C. Montague in “A Sketch of Legal History”, Maitland and Monague, p. 161.

反对意见。某些法官似乎认为，在归档那一刻之后，就不存在反对意见了。这时，宗教上的完全默示论（plenary inspiration）突然出现在大多数法官的判决中。当然，没有法官会公开承认自己有这种信仰，但有时他们在行为中体现了这种处理方式。我承认，对我来说，一个很大的谜是，世界上那么多人，为什么法官要将其信仰放入附带意见？在判决作出几个月后，当我再次捡起它并带着适度的悔悟重新阅读时，我担任法官的短暂经历告诉我，在我的判决意见书中存在各种缝隙、裂缝和漏洞。法官自己绝对正确的信念是一种迷思，它很容易让人沾沾自喜（with somewhat greater satisfaction），导致认为只有自己才不会犯错误。但是，附带意见并不总是绝对正确的，而且人们并不能一眼就辨认出附带意见。如同每位法科学生所了解的，存在着一种持续的需要，即将偶然的、非本质的事物与本质的、固有的事物进行区分。但是，让我们假定我们已经完成这一工作，我们已经了解先例的实际情况。让我们再假定我们已经富有技巧地将先例中隐藏的原则抽取出来并准确地予以表述。至此，我们只完成了一半或者不到一半的工作。仍需处理的问题是确定原则的界限以及发展和增长的趋势，以使这种指导力量在分岔路口能沿着正确的路径前进。

原则的指导力量可能以逻辑发展的方式发挥作用，我将它称为类推的规则或哲学的方法；可能以历史发展的方式发挥作用，我将它称为进化的方法；可能以社区习惯的方式发挥作用，我将它称为传统的方法；还可能以正义、道德、社会福利和当时风俗的方式发挥作用，我将它称为社会学的方法。

在用以指导我们路径选择的诸多原则中，我先讲类推的规则或哲学的方法。我先讲它，并不是说，我认为它是最重要的。相反，它常常要让位给其他的原则。我之所以先讲它，是因为我认为它有一个对它有利的确定的假设。由于存在大量的案件和一大堆相关主题的判决，这个将案件进行统一化和合理化的原则就具有一种倾向，并且是一种合法的倾向，即在其限度内将这个原则投射和扩展到新的案件。这一原则具有至高无上的地位，而这种地位来自自然、有序和逻辑的承继。对它的尊重要超过任何相互竞争的原则，因为后者无法通过求助历史、传统、政策或正义来证明其更加正确。各种偏离力量似乎只是对它的支配地位进行挑战，削弱它的力量。它至少是假定的继承人。要争夺该地位，觊觎者必须奋力前行（fight his way）。

某些伟大的法官有时提到它，似乎认为哲学的方法（即逻辑发展的方法）在我们法律中很少起作用，甚至是完全不起作用。在这些法官中，可能没有人在行为上忠于这种信仰。霍尔斯伯里勋爵在奎因诉利瑟姆案（Quinn v. Leathem，1901，A. C. 495，506）中说："一个案件仅对它所裁定的事项具有权威性。我完全否认可以引用它来支持某个似乎是从它的逻辑中推断出来的命题。这种推理模式假定法律必然是一个具有逻辑性的行为规范，不过每个律师都承认法律并不总是符合逻辑的。"[1] 这也许是对的，但我们不要过于极端。我们不能因为逻辑不是最有用的，就否认逻辑一致的有用性。霍姆斯在一个现在已成为经典的句子中说："法律的生命不在于逻辑，而在于经验。"[2] 但霍姆斯没有说，在经验沉默无语时逻辑应被搁置一边。除非有某些充足的理由——常常是基于历史、习惯、政策或正义的考虑，我不打算通过引入不一致性、不相关性或拟制的例外来破坏法律结构的对称性。如果没有这样的理由，我就必须符合逻辑。基于同样的理由，我必须是不偏不倚的。在我看来，这样做是不行的：就同一问题，在一组当事人之间是这个判决结果，在另一组当事人之间是另一个判决结果。"如果一组案件涉及同样的问题，当事人就会期待同样的判决。根据相对立的原则来对另外的案件进行判决，这将构成重大不公。如果昨天我是被告，法院作出了对我不利的判决，那么，今天作为原告，我将期待获得同样的判决。如果判决不同，我就会感到气愤和不公，它是对我物质上和精神上权利的侵害。"[3] 如果两个案件是相同的，每个人都能感受到这一情感的力量。如果要想让诉讼当事人对法院的公正司法有信心，那么遵循先

---

〔1〕 Cf. Bailhache, J., in Belfast Ropewalk Co. v. Bushell, 1918, I K. B. 210, 213："我不确定是幸运还是不幸，我们的法律不是一门科学。"

〔2〕 "The Common Law", p. 1.

〔3〕 W. G. Miller, "The Data of Jurisprudence", p. 335；转引自 Gray, "Nature and Sources of the Law", sec. 420; Salmond, "Jurisprudence", p. 170.

例就应当是规则而不是例外。这种同样事情同样处理的情感（a sentiment like in kind），尽管程度上有差异，却是先例沿着逻辑发展方向自我延伸这一倾向的根源。[1] 显然，完全是因为在智识上，对司法逻辑性（elegantia juris）的强烈情感，对形式和实质对称的追求，极大地强化了这一情感。[2] 这种理念对构成律师群体的法律专家（professional expert）一直有某种程度的吸引力。对古罗马的法学家而言，它的吸引力很大，比它对英国和我国（美国）法律专家的吸引力还大，也肯定比它对客户的吸引力还大。"客户"，米勒在《法理学资料》中说，[3] "很少关心案件是否'漂亮'，他所希望的是案件以某种对他最有利的方式予以解决。"但是，即使这一点，也不尽然。随着判例法制度的发展，从诉讼当事人利欲熏心的争议这些素材中，最终会形成重要的和显而易见的真理（great and shining truth）。偶然的和暂时的素材将产生本质的和永恒的真理。一位法官，如果他是通过哲学的方法去塑造法律，他就会追求智识上形式和实质的对称性。但是，他所要做的不仅仅是这些。他使法律真正能回应强烈的、迫切的情感。只有专家才可能有能力判定这一工作的质量，并评估它的重要性。但他们的判断，即律师群体的判

---

〔1〕 Cf. Gény, "Méthode d' Interprétation et Sources en droit privé positif", vol. II, p. 119.

〔2〕 W. G. Miller, *supra*, p. 281; Bryce, "Studies in History and Jurisprudence", vol. p. 629.

〔3〕 p. 1.

断，会传播给其他人，并影响到普通人的共同意识和共同信念。如果要排除侥幸和偏袒，而且如果人类事务要受到超脱的（serene）和不偏不倚的一致性的支配（其构成法律观念的精髓），那么在缺乏其他的标准时，哲学的方法就仍然是法院的推理工具（organon）。

你们可能会说，这一切存在着令人无法容忍的含糊。如果在没有其他更好的方法时就要适用哲学的方法，那么应当提供某些相对合适的标准。在结束这个演讲之前，我希望向你们描述——尽管是以最为宽泛的方式来描述——决定方法选择的重要考虑因素。就事物的本质而言，这些标准从来无法被准确地分类，很多情况下要取决于使用工具的熟练程度，而熟练使技艺得以发展。这里只有一些暗示，只有一些建议，其他的要依赖于这位技师的感觉。但是，就目前而言，将哲学的方法确立为多种推理工具中的一种，我就很满足了，而将具体方法的选择放在后面讨论。很有可能，我用了过多的精力来论证一个不那么重要的题目。尤其是，在耶鲁大学法学院，这一题目不会被挑战。我之所以这么说，是因为在这所学院的一位杰出老师（已故的韦斯利·纽科姆·霍菲尔德）的作品中，我发现了对这一方法的重要性的深刻认识，并发现对这一方法正当运用所做的最为巧妙的例证。他的专著《司法推理中适用的一些基本概念》事实上是一种呼吁：要更加清晰地分析这些基本概念，要更加一致地研究这些基本概念的哲学意蕴和逻辑结论。我并不是说他持有这种观点，即逻辑结论必须始终遵循通过分析得出的概念。“没有人比他看得更加清楚，尽管分析概念是不可缺少的工具，但对于律师而言，它并不是全能的（all-sufficient）工具。”〔1〕“他反复地强调，分析性工作只是为部门法学铺下道路，没有后者的支持，对法律问题就无法找到令人满意的解决办法。”〔2〕尽管我们可能抛弃逻辑和哲学而求助其他方法的指导，我们也应当知道逻辑和哲学将我们引向何处。很多时候，我们只能沿着它们指出的方向前进。

实例即使没有比规范（precept）好，它至少比较容易证明。在我们对适用该方法的某一类问题进行研究后，我们会对这类问题有某些了解。让我对我国法律采纳的一些结论提供某些随意的例子，它们经历了从法律概念到逻辑结论的发展。甲同意将动产出售给乙，在所有权转让之前，动产毁灭了。卖方发生了损失，并提起了主张赔偿价款的诉讼。〔3〕甲同意出让房屋和土地。在所有权转让之前，房屋毁灭了。卖方提起主张特定履行的衡平法诉讼。买方发生了损失。〔4〕这可能是盛行的观点，尽管它是否明智受到了尖锐的批评。〔5〕这些不同的结论不是由

---

〔1〕 Introduction to Hohfeld's Treatise by W. W. Cook.

〔2〕 库克教授的“导言”。

〔3〕 Higgins v. Murray, 73 N. Y. 252, 254; 2 Williston on Contracts, sec. 962; N. Y. Personal Prop. Law, sec. 103a.

〔4〕 Paine v. Meller, 6 Ves. 349, 352; Sewell v. Underhill, 197 N. Y. 168; 2 Williston on Contracts, sec. 931.

〔5〕 2 Williston on Contracts, sec. 940.

于政策或正义的不同考虑来决定的。它们是从某个原则推断出来的逻辑结果，或被认为是符合逻辑的结果。衡平法将应履行的行为视为已履行。与出让动产的大多数合同不同，出让土地的合同受衡平法管辖。在衡平法上，受让方自一开始就是所有权人，因此他享有所有权的利益，承受所有权的负担。我举另一个例子来说明界定受让人对权利动产（choses in action）的权利。在这些案件的讨论中，你会发现司法判决书对基本概念存在很多的不一致。有些司法判决书说受让方享有普通法上的所有权，[1] 其他的司法判决书说他的权利完全是衡平法上的。[2] 然而，考虑到基本概念的重要性，所有人都会同意这一点：在采用方法推导出结果时，哲学方法是主要的方法。我们可以在信托法、合同法和很多其他的领域找到类似的实例。将它们一一列举将是乏味的。

然而，逻辑的指导力量并不总是沿着单一的、畅通无阻的路径发挥作用。一个原则或先例，在推向其逻辑的极限时，可能指向一个结论。另一个原则或先例，遵循同样的逻辑，可能同样确定地指向另一个结论。在这种不一致的情形下，我们必须在两条路径之中作出选择，选定一条或另一条路径，或者开辟第三条路经，这一路径是两种力量合力的结果或代表了两个极端之间的中间位置。让我以著名的里格斯诉帕尔默（Riggs v.

---

〔1〕 Cook, 29 Harvard L. R. 816, 836.

〔2〕 Williston, 30 Harvard L. R. 97; 31 ibid. 822.

Palmer，115 N. Y. 506）这个案件来说明这种不一致。这个案件裁定，衡平法院不得允许谋杀遗嘱人的遗产继承人享有遗嘱的利益。这里存在为取得案件结果的控制权而相互冲突的原则。一个原则胜出，则其他的原则就会消失。一个原则是，遗嘱人按照法律处分遗产的遗嘱具有约束力。如果推至其逻辑的极限，这一原则似乎支持谋杀者取得遗产的所有权。另一个原则是，民事法庭不得增加犯罪行为人的痛苦和处罚。如果推至其逻辑的极限，这一原则似乎同样支持谋杀者取得遗产的所有权。但是，与这些原则相反，还有另一个更为一般的原则，它根植于人类普遍的正义感，即任何人不得因自己的不公或不法行为而受益。这一原则的逻辑战胜了其他原则的逻辑。我说它的逻辑获胜了。然而，我们真正感兴趣的是，为什么和如何在两种逻辑中作出选择。在这一例子中，理由是清晰的。之所以遵循一条路径而不是另一条路径，是因为司法者心中存在某种确信，即选定的路径能实现正义。类推、先例及其背后的原则被摆在一起，相互争夺法律适用上的优先权。最后，被认为是最根本的、代表更重大、更深层社会利益的原则击败了它的竞争对手。我并不十分关心正义实现的具体方式。在上述案件中，通过裁定所有权已经转移但要受到推定信托的限制，一致性得到了维持，逻辑获得了尊重。[1] 推定信托只是“这样一个程式，通过

---

〔1〕 Ellerson v. Westcott, 148 N. Y. 149, 154; Ames, “Lectures on Legal History”, pp. 313, 314.

它衡平法的良心得以体现”。[1] 因为是在这种情形下取得财产，普通法上的产权（legal title）持有人凭良心不能继续拥有受益权。为了表示不认可持有人的这种行为，衡平法将他转换为受托人。[2] 这一程式只是一些补救工具，通过它们，使得被认为是正确和公正的结果与法律原则和法律体系的对称性相吻合。我现在关心的不是补救工具，而是导致该工具发挥作用的根本的动机和内在的创造能力。谋杀者由于从事谋杀行为而丧失遗产，这是因为拒绝允许罪犯从犯罪中获利的社会利益要大于维护和强制执行普通法所有权（legal rights of ownership）所服务的社会利益。事实上，我所举的例子已涉及我要讲的内容。这个案件里，司法过程就是一个缩影。我们的逻辑、我们的类推和我们的哲学伴随我们前行，直到我们到达某个特定的地方。在开始时，我们不会对这些路径问题感到烦恼，它们遵循同样的路线。然后，它们开始发生偏离，我们必须在它们之间作出选择。历史、社会效用、某些非常强烈的正义感，有时可能是渗透在我们法律精神中的半直觉的领悟，会来挽救焦虑不安的法官，并告诉他往哪里走。

列举这一过程的诸多例子并不难。这一过程是不断地通过正义来验证和检验哲学的过程，是不断地通过哲学来验证和检验正义的过程。我以这个规则为例：在实质性履行但并未完全

---

〔1〕 Beatty v. Guggenheim Exploration Co., 225 N. Y. 380, 386.

〔2〕 Beatty v. Guggenheim Exploration Co., *supra;* Ames, *supra*.

履行的情形，允许对履行瑕疵作出补偿。如果建筑公司对合同的偏离是细枝末节的并且不存在主观恶意，我们经常适用这条规则保护建筑公司。曾经有一段时间，在裁决这类案件时，法院对如何使正义和逻辑相吻合感到烦恼。即使是现在，专著和判决中还流露出对这两者无法吻合的不安。就如我在最近的一个案件中所说的："那些对法律规则发展过程中的对称性和逻辑的强调要多于通过变通（practical adaption）实现公正结果的法官"，仍然"为某种分类所烦恼，因为那里的分界线是如此摇摆不定和模棱两可"。[1] 我毫不怀疑，规则所给予的启示只是一种正义的情感。在这种情感的影响下，我们继续生活在遵从先例的神圣光环中。有的法官在准合同的法律中看到统一的原则，其他的法官在从属允诺（promise）和独立允诺的区分或者允诺和条件的区分中看到它。但是，所有的法官最终都发现，在法律军械库中有一个从有锈斑的墙上取下来的原则，该原则能够提供作战的武器，开辟一条通往正义的道路。通过指导在这种逻辑和那种逻辑之间作出选择，正义对逻辑产生影响，情感对理性产生影响。理性也会以这种方式对情感产生影响：将情感中的恣意的因素清除，在情感可能过于无节制时进行抑制，将情感与方法、次序、融贯性以及传统进行关联。[2]

将逻辑或哲学的方法理解为多种推理工具中的一种，我认

---

〔1〕 Jacobs & Youngs, Inc. v. Kent, 230 N. Y. 239.

〔2〕 Cf. Hynes v. N. Y. Central R. R. Co. (231 N. Y. 229, 235).

为它对欧陆法学家的教诲没有敌意，这些欧陆法学家想推翻（dethrone）这种方法在他们的（而不是我们的）法学体系中的地位和势力。他们与邪恶作斗争，而这种邪恶只是轻微地触及普通法的某些方面。我并不是说，我们法律的其他领域不需要这样的教诲。然而，在某种程度上，归纳法挽救了我们，通过该方法，我们的判例法（依据制定法和通过演绎的方法）从与法律发展形影不离的邪恶和危险中发展而来。[1] 而即使是强调需要其他方法的欧陆法学家，也没有要求我们从法律原则中提炼出其一锤定音的结论（fructifying power）。将方法和结论视为至高无上的和终极性的，对逻辑或哲学的滥用就开始了。逻辑或哲学从未被完全排除。“确定地说”，弗朗索瓦·惹尼说，[2]“在实证法科学中，不存在排除推理（ratiocination）和逻辑方法的问题。”在演绎法律后果时，有时甚至要严格遵守一般原则。“滥用”，他说，“如果我没有说错，主要在于将理想的然而在性质上是暂时的、完全主观的概念视为永久的客观存在。在我看来，这一错误观点是中世纪的极端唯实论（absolute realism）[3]的残留，它将作为先验的整个实证法体系限定在数量有限的逻辑范畴之内，这些逻辑范畴在本质上是预先确定的，在依据上

〔1〕 “Notre droit public, comme notre droit privé, est un jus scriptum”(Michoud, “La Responsibilité de l’ état à raison a raison des fautes de ses agents”, Revue du droit public, 1895, p. 273, quoted by Geny, vol. I, p. 40, sec. 19).

〔2〕 *Op. Cit.*, vol. I, p. 127, sec. 61.

〔3〕 极端唯实论是中世纪经院哲学正统派中极端派理论，主张一般、共相就是理念，认为理念才是独立存在的实体。——译者注

是固定的，受到固定教义的限制，因此它们无法适应始终不同的、不断变化的生活的迫切需要”。

在法律中，就如同在知识的每一个其他分支一样，通过归纳得出的真理趋向于成为新的推论的前提。下一代的律师和法官不会自己重复证明的过程，就像我们大部分人不会重复证明天文学或物理学的真理一样。大量的法律（juridical）概念和方法发展起来了，可以说我们把它们当作现成的来接受。诸如合同、占有、所有权、证据和很多其他的基本概念是现成的，随时供人们使用。我无须探究它们是怎样出现的。我所要写的不是法律的演化史，而是描述将这些概念适用于成熟法律的司法过程。这些基本概念，一旦被获得，就构成司法过程的起点，可以推出新的后果。开始时，这些后果是不确定的、探索性的，通过不断的重复，获得一种新的永久性和确定性。最终，它们作为基本的、不证自明的概念获得认可。从先例到先例的发展也是如此。一个判决的影响在开始时可能是模棱两可的，通过注释和阐述，新的案件获得了升华。最后，出现了成为基准点（datum）或出发点的规则或原则，从这些规则或原则开始新的前进路线，从这些规则或原则对新的行动方向作出判断。有时，规则或原则的表述过于狭窄或过于宽泛，必须被重新表述。有时，它被作为后续推理的一个假定（postulate），它的起源被遗忘了，成为新的血统的后裔，它的子女与其他的血缘联结，持续存在并扩散到法律之中。如果你愿意，你可以将它称作类推的方法、逻辑的方法或者哲学的方法。无论如何，它的本质是从作为基准点的、自身暗含着结论胚芽的规则、原则或先例中推出结果。总之，我没有在严格的或形式意义上使用哲学这一用语。这种方法的适用从强到弱，一端是三段论，另一端只是类比。有时，对先例的扩展达到逻辑的极限。有时，它没有走得那么远。有时，通过类推的方法，先例比逻辑走得更远。这是任何法学体系都无法抛弃不用的方法。[1] 有时，在某个领域很奏效的规则，或无论其作用是否被揭示都存在的规则，被延伸到其他的领域。我将这个过程的例子与那些与逻辑联系更加紧密、更加有效的例子放在同一主题之下。[2] 说到底，并且就其根本动机而言，它们是同一方法的不同阶段。启发它们的是同样的对一致性、确定性以及计划和结构的统一性的渴望。它们的根源在于，在思想上不断追求更大的、更加包容的和谐，在那里分歧将被调和，反常情况将不复存在。

---

〔1〕 Ehrlich, "Die Juristische Logik", pp. 225, 227.

〔2〕 Cf. Gény, *op. cit.*, vol. II, p. 121, sec. 165; also vol. I, p. 304, sec. 107.

第二讲

历史、传统和社会学的方法

然而，哲学的方法与其他方法中体现的其他倾向相竞争，其中一个倾向是历史的方法或进化的方法。原则将其扩展至逻辑极限的倾向，会受到将其限定于历史极限之内的倾向的抵消。我并不是说，在这个时候这两种方法总是对立的。将它们视为不同的类别无疑会受到指责，即它们在方法（lines）和区分原则方面存在一定的重合。通常，历史的影响将使逻辑的路径变得清晰。[1] 司法的发展是有逻辑的，无论它是否受到与过去前后一致的原则、某些事先设定的规范、某些一般观念或者“内在的、创造性的原则”的影响。[2] 在使得它们成为现在这个样子的事件中，或者在使我们可以说它应当如此的某些原则中，我们可以发现先例的指导力量。司法的发展要么涉及起源的探究，要么涉及纯粹理性的努力。这两种方法都有自己的逻辑。

---

〔1〕 Cf. Holmes, “The Path of the Law”, 10 Harvard L. R. 465.

〔2〕 Bryce, “Studies in History and Jurisprudence”, vol. II, p. 609.

但是，就目前而言，为了方便，我们将历史的方法认定为一种方法，将逻辑或哲学方法限定为另一种方法。某些法律概念的现在形式，完全是历史造成的。只有从历史发展的角度，我们才能理解它们。在这些原则的发展过程中，历史的支配力要超过逻辑或纯粹理性。其他的一些法律概念，尽管它们当然也有自己的历史，但在很大程度上受到逻辑或比较法的影响而成型。它们是万民法的一部分。在这些原则的发展过程中，逻辑的支配力有可能超过历史。一个例子是法人人格或公司的人格概念，它产生了一系列的后果。有时，对于某个事项，适用于这种方法或那种方法都是很自然的。在这种情形下，通常会基于习俗或效用因素来作出选择。剩下的可能就受法官的个性、爱好、教育或思想偏向的支配。我并不是说，历史的指导力量，即使在历史最有影响的情形，会限定法律的未来，使得未来的法律只是对现有和以往法律毫无新意的重复。我只是说，历史在阐明过去时，也阐明现在，在阐明现在时，也阐明将来。“如果它看起来曾经是可能的”，梅特兰说，[1] “历史精神（即力图理解罗马古典法学、《十二铜表法》《萨利克法典》以及所有时代和地域的法律的精神）是听天由命的并且敌对改革，那个时代存在于过去……今天，我们认为历史的职责是解释以及由此缓和过去对现在和现在对未来施加的压力。今天，我们对前天进行研究，以便昨天不会麻痹今天，今天不会麻痹明天”。

---

[1] “Collected Paper”, vol. III, p. 438.

让我先说说那些没有历史就无法取得进步的领域。我认为，不动产法提供了最现成的例子。[1] 谋划一部法典的立法者不会构想出封建土地占有制。是历史建立该制度和与它相伴而生的法律。我们无法根据抽象的所有权概念，通过逻辑演绎过程，来区分非限定继承地产权（an estate in fee simple）和终身保有地产权（an estate for life）的权利或义务（the incidents），或者区分终身保有地产权（an estate for life）和定期地产权（an estate for years）的权利或义务。对于这些问题，“事实胜于雄辩（a page of history is worth a volume of logic）”。[2] 在我们转向土地法的各个领域时，这也是适用的。对不动产转让的限制（restraints upon alienation）、对绝对所有权的中止（the suspension of absolute ownership）、不确定的剩余地产权（contingent remainders）、将来生效的不动产遗赠（executory devises）、私益信托（private trusts）以及慈善信托（trusts for charities），这些法律概念只能根据历史来理解，它们从历史中获得必定影响其后来发展的推动力。我并不是说，在这一领域，哲学的方法完全不起作用。某些土地法的概念，一旦确定下来，就会被推向无比苛刻的逻辑推论。问题毋宁是，这些概念是从我们外部来的而不是从内部来的，它们反映的观念，与其说是现在，不如说是过去。将这些概念与过去隔离，它们的形式和含义就是无法理解

---

〔1〕 Techt v. Hughes, 229 N. Y. 222, 240.

〔2〕 Holmes, J., in N. Y. Trust Co. V. Eisner, 256 U. S. 345, 349.

的并且是主观的。因此，这些概念的发展，要做到真正遵循逻辑，就必须考虑它们的起源。在某种程度上，这对于我们法律大多数概念都是适用的。这些概念的生命不是形而上学的原则。我之所以强调不动产法，是因为它是一个显著的例子。其他的例子有很多，尽管它们不那么显著。“我们已经将诉讼的形式埋葬”，梅特兰说，“但它们仍然从坟墓中支配着我们。”〔1〕霍姆斯有同样的看法：“如果我们考察合同法”，他说，“我们就会发现它充满着历史，对债务（debt）、盖印契约（covenant）和非盖印契约（assumpsit）的区分只是历史的产物。法律对支付特定金钱之债的分类，不考虑作为准合同的谈判，也只是历史的产物。对价原则也只是历史的产物。赋予印章效力也只能通过历史来解释。”〔2〕遗嘱执行人的职权、对偷盗罪和侵占罪的区分、外来侵害之诉的审判地规则和管辖，这些只是杂乱无章发展的例子，历史促使它们生长，并对其产生影响。曾经有过一段时间，对这些事项适用这种方法或那种方法差别不大，法官的偏好或教育背景决定了路径的选择。庞德曾深刻地探讨这个主题。〔3〕我在这里借用他的一个例子：一个未经交付的动产赠与是否有效？这场争论持续了很多年才平息下来。一些法官依靠罗马法的类推，另一些法官依靠我们法律中不动产转让方式

〔1〕“Equity and Forms of Action”, p. 296.

〔2〕“The Path of the Law”, 10 Harvard L. R. 472.

〔3〕“Juristic Science and the Law”, 31 Harvard L. R. 1047.

的历史。对一些法官而言，这是对基本概念的分析，将分析的结果进行扩展，就得出逻辑结论；宣布做出赠与和接受遗嘱就发生法律效力，不需要其他的东西，这与法律交易（法律行为之一）预先确定的定义是相一致的。对于另一些法官而言，这里的中心思想并不是与逻辑上的应当概念相一致，而毋宁是与已发生的历史相一致。拉姆利诉贾伊案（Lumley v. Gye，2 El. & Bl. 216）的司法判决书确立了，由于甲恶意干扰乙和丙之间的合同，有权针对甲提出起诉。这一案例展示了同样存在的不同压力和重点的变化；通常，这两种方法是相互补充的，有时候，哪种方法占主导，取决于直觉上的便利或适宜，这些直觉因不明显而难以被表述，因无重量而难以被衡量，因易变而难以被发现或充分理解。有时，法哲学家的当代著作中展现的流行趋势可能会动摇这一平衡，就像文学、艺术和服装一样，法理学中也有一些流行和时尚的东西。对于此，我们在处理潜意识地影响法律的力量时再详述。

如果历史和哲学没有起到确定原则发展方向的作用，习惯就会介入。当我们论及习惯时，我们指的不只是一个东西。“惯例（consuetudo）”，科克说，“是英格兰法律的三大支柱之一。这些法律被划分为普通法、制定法和习惯”。[1] 在这里，普通法和习惯被认为是不同的。然而，并非如此。布莱克斯通说：“可以恰当地将这种不成文的法或普通法分为三类：（1）一般性

---

〔1〕 Coke on Littleton, 62a; Post v. Pearsall, 22 Wend. 440.

习惯，这是整个王国的普遍性规则，构成更严格和更常见的意义上的普通法。(2) 特别的习惯，这些习惯的大部分仅影响特定区域的居民。(3) 某些特别的法律，这是根据习惯为某些拥有相当广泛管辖权的特殊法院所采纳和使用的法律。"[1]

显然，习惯今天在普通法发展中的创造能力比过去的时代要小。[2] 即使是在过去的时代，它的力量很有可能被布莱克斯通及其追随者夸大了。"今天，我们认识到"，用庞德的话说，"习惯是司法判决的习惯，而不是民众行为的习惯。"[3] 格雷说，"是否在法制史的所有阶段中，法官创制的规则并没有产生习惯，而是由习惯产生规则"，这点是"有疑问的"。[4] 如今，在任何情况下，我们考虑习惯与其说是创设新的规则，不如说是创设检验标准，以便确定如何适用既有的规则。在习惯试图突破这点时，法律中日益增长的趋势是将法律的发展留给立法。法官没有感觉到这种相同的需求：在法律上认可最近发展的习惯，在法律制度上保留习惯的入口，对形式或特征的某些新颖的方面予以特别考虑 (viewed askance)。如果立法者没有经常开会，不能确立一种无法被质疑的或无可挑剔的权利，法官就会感觉到这种需求。但是，立法者的权力不会因法官的谨慎行使

〔1〕 Blackstone, Comm., pp. 67, 68; Gray, "Nature and Sources of the Law", p. 266, sec. 598; Sadler, "The Relation of Custom to Law", p. 59.

〔2〕 Cf. Gray, *supra*, sec. 634; Salmond, "Jurisprudence", p. 143; Gény, *op. cit.*, vol. I, p. 324, sec. III.

〔3〕 "Common Law and Legislation", 21 Harvard L. R. 383, 406.

〔4〕 *Supra*, sec. 634.

而丧失。“商人法”，一位英国法官说，“不是固定的、模式化的，它的发展没有因为被塑造成法典而中止。用首席大法官科伯恩勋爵在古德温诉罗伯茨案（Goodwin v. Roberts, L. R., 10 Exch. 346）中的话说，它能够被扩大和扩充，以满足行业的需要。”[1] 在不存在与制定法不一致的情况下，可以通过商人实践创设新的票据种类。[2] 尽管票据上有签章（在普通法上签章可以导致票据无效），公开型公司和封闭型公司的债务保留着可流通的特性。“如果商业的必要性要求它们是可流通的，则使其可流通并不是不道德的，并不违背良好的政策。法院或普通法的一个纯粹技术性的教条，不应禁止商业界发明或发行任何上个世纪所没有的证券种类。”[3] 因此，在现在还活着的人的记忆里，铁路和轮船、电报和电话，这些体现电气威力的伟大发明已经建立了新的习惯和法律。现在，已经有大量的法律文献对被意识到的（of the air）这个法律问题进行讨论。

然而，与其说是在新规则的创设中，不如说是在旧规则的适用中，更频繁地显示习惯在今天的创造力。有关权利和义务的一些一般性标准已经确立。习惯必须决定是遵守还是偏离这些标准。我的合作伙伴拥有这一行业中常见的权力。这些权力

[1] Edelstein v. Schuler, 1902, 2 K. B. 144, 154; cf. Bechuanaland Exploration Co. V. London Trading Bank, 1898, 2 Q. B. 658.

[2] Cases, *supra*.

[3] Mercer County v. Hacket, I Wall. 83; cf. Chase Nat. Bank v. Faurot, 149 N. Y. 532.

是众所周知的，以至于法院在司法过程中会注意到它们。一个例子是，一家贸易公司的员工在业务经营过程中签发或背书流通票据的权力。[1] 他们可能有这样的权力，因此法院要求提交证据证明其存在。[2] 在履行保护雇员免受侵害的义务时，雇主应当像小心谨慎的普通人在类似情况下那样尽到注意义务。在决定是否达到这个标准时，法官应当考虑普通人在这些问题上的生活习惯、日常信念和实践。类似地，在无数的案件中，要遵守的交易习惯是由习惯或恰当地说是由特定商业、市场或职业的惯例来确定的。持续地贯穿于法律之中的一个假设是，习惯自然和自发的演变确定了正确和错误的界限。如果对习惯略作扩展，就会将习惯等同于风俗习惯（customary morality）、流行的关于正确行为的标准或时代的习俗。[3] 这就是传统的方法与社会学方法的联结点。它们具有共同的渊源。每种方法都维持了行为和秩序之间、生活和法律之间的互动。生活塑造了行为模式，这些行为模式他日会被确定为法律。这些行为模式被法律所维持，它们从生活中获得了它的形式和方式。

人们观察到，我们法律的三种指导力量在发挥作用，它们分别是哲学、历史和习惯。我们做了很多的工作，以理解问题的复杂性。我们看到，决定忠于先例和先例背后的原则，并不

---

〔1〕 Lewy v. Johnson, 2 Pet. 186.

〔2〕 First Nat. Bank v. Farson, 226 N. Y. 218.

〔3〕 Cf. Gény, *op. cit.*, vol. I, p. 319, sec. 110.

能将我们带得很远。原则是一些复杂的束。说我们要一致是足够了，问题是与什么一致？它应当与规则的起源一致，还是与发展的过程和趋势一致？它应当与逻辑、哲学或与通过分析我们自己的和外国的制度所揭示的法学基本概念一致？所有这些一致性都是可能的。所有的一致性都曾经流行过。我们在它们之间要如何作出选择？将这个问题搁置一边，我们实际上是如何作出选择的？在某种特定意义上，某些法律概念是历史发展的产物。在这些部门中，历史倾向于为其发展指明方向。在其他的部门中，比较法学证实与其他高度发达的法律制度共有的某些重要的基本概念，比其他的概念更为重要。在这些部门中，我们要赋予逻辑和对称性更大的适用范围。在一个更广阔的领域，基于大致相同的便利，可以通过这种或那种方法将规则确定下来。在此情形，习惯倾向于宣称自己是指导路径选择的支配性因素。最后，当社会需求要求作出这种解决方案而不是那种解决方案时，为了追求其他更重要的目标，我们有时应当对对称性作出通融，对历史不予理睬，并对习惯进行舍弃。

因此，我们就从历史、哲学和习惯，转向在我们的时代和我们这一代人中正在变为最重要的力量，即在社会学的方法中得到展示和展现的社会正义的力量。

法律的终极目标是社会的福利。未达到其目标的规则无法长期证明其存在的正当性。“就像一个人无法将供呼吸的空气排出房间而生存一样，我们无法将伦理因素排除在司法正义（administration of justice）之外，而司法正义是所有实在法（civil law）的目标和目的。”[1] 逻辑、历史和习惯各有其位置。在可能时，我们会将法律塑造得与它们相一致，但只是在一定的限度之内。法律所服务的目的将支配它们。有一个古老的传说，有一次上帝进行祈祷，他的祷告是，“愿我的正义为我的怜悯所支配”。当形式主义的恶魔以科学秩序的诱惑力来欺骗智力时，我们所有人都需要说这样的祷告。当然，我并不是说法官被授权随意将现有的规则放置一边，而支持他们认为适宜或明智的其他规则。我所说的是，当法官被要求说出现有规则在多大程度上应被扩展或限制时，他们应当让社会福利来确定路径、方向和距离。我们不应忘记，乔治·杰赛尔爵士在一个经常被引用的判决书中说，存在这样一种至高无上的公共政策，即不应轻易地干预合同自由。[2] 因此，在这一领域，可能存在一种至高无上的公共政策，优先于暂时的不便或偶尔的困难，而不会轻易地牺牲确定性、统一性、秩序和连贯性。所有这些因素都必须予以考虑。应当赋予它们有效的（sound）判决书所要求的分量。它们是社会福利的组成部分，我们的任务是去发现它们。[3] 在某一特定情形，我们将发现它们是主流价值的组成部分。在其他的情形，我们将发现它们的价值是次要的。我们应

---

〔1〕 Dillon, “Law and Jurisprudence of England and America”, p. 18, quoted by Pound, 27 Harvard L. R. 731, 733.

〔2〕 Printing etc. Registering Co. V. Sampson, L. R. 19 Eq. 462, 465.

〔3〕 Cf. Brutt, *supra*, pp. 161, 163.

当尽最大的努力对它们进行评价。

我说过，法官并没有被授权根据不断变化的适宜或明智的观点来随意创制或废除规则。我们的法官不会像霍布斯那样说："君主一个接替一个。一位法官走了，另一位法官会来。但天地从不会消失，自然法一丁点（one title）也不会消失，因为它是上帝的永恒法。因此，所有先前法官的判决不能创制违背自然正义的法律，任何先前法官的范例不能使不合理的判决正当化，或是使现任法官不再苦苦研究从他自己的自然理性原则来判断这个案件的公正是什么。"[1] 对我们而言，更接近真理的是一位英国法官的话："我们普通法制度的一个主要特征，是将我们从法律原则和司法判例得出的法律规则适用于新的组合情形，并且，为了获得统一性、一致性和确定性，我们应当将这些并非明显不合理的或不方便的规则适用于所有发生的案件。我们不能因为这些规则没有我们自己创制的规则那样便利和合理，就在那些尚未依法判决的案件中随意地拒绝它们或放弃对它们的所有类推。"[2] 这并不是说，这些规则中不存在尚未填补的漏洞，在该漏洞内司法判决不可以不受限制地活动。霍姆斯法官在他的一个熠熠生辉的格言中做了概括："我毫不犹豫地认识

[1] Hobbes, vol. II, p. 264; quoted by W. G. Miller, "The Data of Jurisprudence", p. 399.

[2] Sir James Parke, afterward Lord Wensleydale, in Mirehouse v. Russell, I Cl. & F. 527, 546, quoted by Ehrlich, "Grundlegung der Soziologie des Rechts" [1913], p. 234; cf. Pollock, "Jurisprudence", p. 323.

到，法官应当并且确实在立法，但他们只是在有缝隙时才这样做，他们受到类似于从克分子（molar）到分子运动的限制。一位普通法法官不能说，我认为约因原则只是历史非理性的产物（historical non-sense），在我的法院中不执行它。”[1] 法官在缝隙之间运用的立法权力这一概念与外国法学家所熟悉的“法律漏洞”理论很相似。[2] “在每个案件中，要通过解释（即依照制定法的原则）来填补制定法的一般框架。毫无例外的是，在每个案件中，法院的工作是对制定法所遗漏的进行补充，但始终是通过解释的功能来补充。”[3] 如果是通过“自由决定”的方法来对制定法进行解释，那么这个过程与英国和美国法官发展普通法所遵循的过程只有程度上而不是类型上的差别。事实上，埃利希在最近的一本书[4]中就赞许地引用了一位英国作者的话，这位作者说，[5] “除了现有法律含糊的少数案件，一部法典不会限制法官已拥有的自由裁量权。它只是改变约束他们的规则的形式。”我认为，这一说法言过其实。普通法的缝隙比制定法中的缝隙更宽，至少在英国和美国常见的制定法形式方面是如此。在那些制定法经常只是宣布一些一般原则而不涉及

---

〔1〕 Southern Pacific Co. v. Jensen, 244 U. S. 205, 221.

〔2〕 9 Modern Legal Philosophy Series, pp. 159-163, 172-175; cf. Ehrlich, “Die juristiche Logik,” pp. 215, 216; Zitelmann, “Lücken im Recht”, p. 23; Brütt, “Die Kunst der Rechtsanwendung,” p. 75; Stammler, “Die Lehre von dem richtigen Rechte”, p. 271.

〔3〕 Kiss, “Equity and Law”, 9 Modern Legal Philosophy Series, p. 161.

〔4〕 “Grundlegung der Soziologie des Rechts” [1913], p. 234.

〔5〕 19 L. Q. R. 15

具体细节的国家，立法较少倾向于限制法官的这种自由。这就是为什么在我们的法律中，对宪法的解释要比普通制定法的解释具有更大的选择空间。宪法更有可能表达一些原则，而这些原则必须在具体条件下被阐释和适用。然而，我们所关心的不是这些漏洞的大小。毋宁说，我们所关心的是找到决定如何填补这些漏洞的那个原则，而不管漏洞的大小。在填补漏洞时，社会学的方法将其重点放在社会福利上。

社会福利是一个宽泛的用语。我用它来涵盖许多或多或少存在关联的概念。它可以指人们通常所说的公共政策、集体组织的善。在这些案件中，社会福利所要求的通常只是便利或审慎。另一方面，它可以指遵守正确的行为标准所带来的社会收益，而这些标准在社会习俗中得到反映。在这些案件中，社会福利的要求就是宗教、伦理或社会正义观的要求，而无论它表述为信条、体系或普通人固有的观念。人们并不总能找到一个用语来涵盖所有这些要求和类似目的，因为它们的变化不易觉察而且相互交织在一起。如果不是近代的历史使文化这个词名誉扫地并让人痛恨那些使用它的人，我们也许可以退一步，与科勒[1]、布吕特[2]和贝罗尔兹海默[3]一起求助于难以定义、但无所不包的称为文化（Kultur）的东西。我已经选定了一个替

[1] Enzyklopadie, Bd. 1, D. 10; Philosophy of Law, 12 Modern Legal Philosophy series, p. 58.

[2] *Surpa*, p. 133, *et seq.*

[3] "System des Rechts und Wirthschaftsphilosophie," Bd. 3, s. 28.

代的用语，尽管它对于哲学家不够精确，但就满足法官需要这一目的而言，它会被认为是足够明确和包容的。

我认为，确实是这样的：在今天的每个部门法中，规则的社会价值已经成为一个标准，它的地位和重要性在不断增加。在庞德院长的著作中，这一事实被有力地灌输给我国（美国）的律师。“在现代法律科学中，或许最重大的进步是从分析的方法到功能的方法的转变。”[1] “重点已经从规范的内容转向规范运行的效果，从救济的存在转向实现规范设置目的救济的有效性和效率。”[2] 外国法学家也持有相同的看法：“整个司法职能”，格梅林说，[3] “已……发生转变。体现在裁定和判决中的国家意志，在依据社会中普遍流行的类似交易的看法对当事人的利益进行有效平衡的指引下，通过法官内在的主观正义感，将促成一个公正的决定。除非某个明确的制定法对它作出禁止，这个决定在任何情况下应当与商业交往中的诚信要求和实际生活的需要协调一致。在衡量相互冲突的利益时，更有理性依据的和更值得保护的利益应当优先受到保护。”[4] “一方面”，惹尼说，“我们要追问理性和良心，从我们内心深处的天性中发现

〔1〕 Pound, “Administrative Application of Legal Standards”, Proceedings American Bar Association, 1919, pp. 441, 449.

〔2〕 Ibid., p. 451; cf. Pound, “Mechanical Jurisprudence”, 8 Columbia L. R. 603.

〔3〕 “Sociological Method”, transl., 9 Modern Legal Philosophy Series, p. 131.

〔4〕 Gmelin, *supra*; cf. Ehrlich, “Die Justische Logik”, p. 187; Doguit, “Les Transformations du droit depuis le Code Napoléon”, transl. Continental Legal Hist. Series, vol. XI, pp. 72, 79.

正义的那个基础，另一方面，我们要关注社会现象，以确定与它们保持协调的法律以及确定从它们抽象出来的秩序原则。”[1]再一次，“正义和普遍效用将是指导我们行动的两个目标”。[2]

所有的部门法都受到这一精神的影响和升华。然而，在某些部门法中，社会学的方法以与哲学的方法、进化的方法或传统的方法相协调一致的方式发挥作用。这是将逻辑、融贯性和一致性作为追求目的的领域。在其他领域，社会学的方法似乎是要取代与其相竞争的方法。这是司法权力运作缝隙的界限内一致性的价值要作出妥协的领域。在某种意义上，在我们致力于将逻辑、融贯性和一致性作为更重要的社会价值时，我们的确是在适用社会学的方法。我目前关注的是社会学的方法与其他方法相对立的领域，而不是其作用相互配合的那些领域。当然，准确的划分是不可能的。然而，可以大致地将几个宽泛的领域标记为社会学的方法的运用是有富有成效的领域。让我举一些例子来说明它的作用。我首先在宪法领域寻找这种例子，我认为，社会学的方法在这一领域的首要地位是不容置疑的。然后，我在某些私法部门寻找例子，在这些部门内，公共政策创设了规则，它们应当拥有类似的能力去变更规则。最后，我在其他的领域内寻找。在这些领域内，尽管社会学的方法并不是那么显眼和普遍，总是处于不显著的位置，但在技术性

---

[1] *Op. Cit.*, vol. II, p. 92, sec. 159.

[2] Vol. II, p. 91.

(technicality)、逻辑、传统过分地主张其要求时，社会学的方法就会挺身而出（emerge to the front）。

我先说宪法，尤其是与个人密切相关的主要自由（the great immunities）。未经法律的正当程序，任何人不能被剥夺自由。这是一个最具普遍性的理念。然而，自由是作为整体呈现在法院面前的，它没有被界定，它的界限没有被标示或被绘制出来，它们怎么能为人所知呢？自由对于不同时代的人指的是同样的东西吗？昨天对自由的恣意限制在今天能够是有用的、理性的从而是合法的吗？今天对自由的恣意限制在明天能够变为有用的、理性的从而是合法的吗？我从不怀疑，我对这些问题的答案是肯定的。在我国（美国）的司法史上，曾经有过答案是否定的时期。自由首先被认为是静止的、绝对的东西。《独立宣言》将它视为神圣的，革命的血液将它神圣化。罗素、洛克和后来的赫伯特·斯宾塞以及曼彻斯特经济学派的政治哲学将它抬高和理性化了。自由放任不只是政治家最好要听从的谨慎的忠告，它还是政治家和法官应当遵循的绝对命令。“这种十九世纪理论”，是“一种永恒的法律理念，它涉及正义理念，并潜在地包含着通过绝对的逻辑演绎过程为每个案件找到精确的法律规则”。[1] 但是，在一种新的政治哲学在政治家的工作中得到体现，并最终在法院的判决得到反映之前，十九世纪还未终结。戴雪在他的《英国的法律与公共舆论》中以有趣的方式描述了

---

〔1〕 Pound, “Juristic Science and the Law”, 31 Harvard L. R. 1047, 1048.

这一转变。[1] “从强调个人的自由主义向无系统的集体主义的转变”，已经带来社会秩序的一些变化，伴随着这些变化就需要对基本的权利义务进行重新表述。在我国，这种需求还没有很快地表现出来。法院仍然以服务于过去时代的哲学用语来进行表述。[2] 但是，逐渐地，尽管面临经常的反对和断断续续的倒退，对个人自由领域的合宪性限制的重要性的新理念开始获得认可，并占据支配地位。霍夫法官在一个有趣的发言中，发现1883年是新时代的曙光，当时乌尔塔多诉加利福尼亚州案（Hurtado v. California，110 U. S. 516）正在审理。[3] 如果说新世纪已开始露出曙光，那么它依然为云雾所遮掩。疏落的光线可能预示着即将到来的时代，但它们不足以照亮道路。甚至最迟在1905年，洛克纳诉纽约案（Lochner v. N. Y.，198 U. S. 45）判决书的表述，还没有受到这种新精神的影响。正是霍姆斯法官的异议意见，被人们认为是新时代的开始。[4] 在这个案件中，它只是少数人的声音。但在原则上，它已经成为新体制的声音，并写进法律。“宪法第十四修正案并没有将赫伯特·斯宾塞的《社会统计学》制定为法律。”[5] “宪法无意反映某一

〔1〕 Cf. Duguit, *supra*.

〔2〕 Haines, “The Law of Nature in Federal Decisions”, 25 Yale L. J. 617.

〔3〕 Hough, “Due Process of Law Today”, 32 Harvard L. R. 218, 227.

〔4〕 Cf. Hough, p. 232; also Frankfurter, “Const. Opinions of Holmes, J.”, 29 Harvard L. R. 683, 687; Enrlich, “Die juristische Logik”, pp. 237, 239.

〔5〕 198 U. S. 75.

种特定的经济理论，无论它是家长主义理论、公民和国家的有机关系理论还是自由放任理论。"[1] "如果宪法第十四修正案中自由这个词被认为是为了阻止出现某种主导意见的自然结果，它就被滥用了（perverted），除非，就像我们的人民和法律传统所理解的那样，一个公平、理性的人必定认为提议的制定法将侵犯基本原则。"[2] 这是今天占主导地位的自由理念。[3] 它直到现在还存在批评者，[4] 但我认为它的主导地位已经确定。无疑，在将这个微妙的概念适用于不同的条件时，有时会有不同意见。[5] 事实上，有时，对条件本身的披露是不完全的，人们对它没有充分的了解。很多潜伏的条件（agency）会导致某一意见在源头被败坏。在判断制定法的效力时，法院经常犯的错误，不是误解了法律，而是误解了事实。纽约州就发生过这样的事。在 1907 年，一个禁止妇女在夜班工作的制定法被宣布为是任性的并且是无效的。[6] 在 1915 年，由于对社会上的工人的调查有充分的了解，一个类似的制定法就被认定为是合乎情理的、有效的。[7] 法院今天认识到，制定法不是孤立的或存在于

[1] p. 75.

[2] p. 76.

[3] Nobel v. State Bank, 219 U. S. 104; Tanner v. Little, 240 U. S. 369; Hall v. Geiger Jones Co., 242 U. S. 539; Green v. Frazier, 253 U. S. 233; Frankfurter, *supra*.

[4] Burgess, "Reconciliation of Government and Liberty."

[5] Adams v. Tanner, 244 U. S. 590.

[6] People v. Williams, 189 N. Y. 131.

[7] People v. Schweinler, 214 N. Y. 395.

真空中，不应被视为是对指导理想社会的抽象原则的宣示，而是要把它放在今天的实际情况［其通过我国（美国）和国外的经济学家和社会科学家的工作来揭示］的背景和框架下考察。[1] 作为现代自由观念基础的同样不稳定的、有活力的概念（宪法性自由为个人提供保障），也应当含有类似的平等观念。各州在其辖区内不得否认任何个人有权获得“法律平等保护”。[2] 从狭义上看，限制似乎会加大不平等。从广义上看，同样的限制可以被看作“从长期而言对确立当事人的平等地位从而使合同自由开始所必需”。[3] 沙尔蒙（Charmont）在《自然法的复兴》中，[4] 对同样的看法做了简要的表述：“现在人们趋向于认为，只有合同当事人的关系不仅是自由的而且是平等的，合同才值得尊重。如果一方当事人流离失所、缺乏资源，被迫屈从另一方的要求，自由在事实上就被取消了。”[5]

从这一切，可以得出宪法性自由（constitutional immunities）的内容不是恒定不变的，而是随着时代发生变化的。“一代又一代人的需要可以使在过去时代视为无效的和任性的限制成为今

---

〔1〕 Muller v. Oregon, 208 U. S. 412; Pound, "Courts and Legislation," 9 Modern Legal Philosophy Series, p. 225; Pound, "Scope and Progress of Sociological Jurisprudence," 25 Harvard L. R. 513; cf. Brandeis, J., in Adams v. Tanner, 244 U. S. 599, 600.

〔2〕 U. S. Const., 14th Amendment.

〔3〕 Holmes, J., dissenting in Coppage v. Kansas, 236 U. S. 1, 27.

〔4〕 Montpellier, Coulet et fils, éditeurs, 1910.

〔5〕 Charmont, *supra*, p. 172; transl. in 7 Modern Legal Philosophy Series, p. 110. sec. 83.

天的规则（imperative）。"[1]“我们一定要记住”，马歇尔在一个强有力的表述中说，“我们正在阐释的是一部宪法。"[2]制定法旨在满足当时的迫切需求。当迫切需求发生变化时，改动是容易的。在这种情况下，一旦经过解释，制定法的某个含义就倾向于按照最先塑造的形式合法地固定下来。一部宪法规定或应当规定的不是当前一段时间的规则，而是扩展到将来的原则。只要宪法偏离这个标准并落入细枝末节，它就失去灵活性，解释的范围就会缩小，它的含义就会僵化。只有忠实于其职能，宪法才能保持它的适应能力、它的灵活性、它的作用。我认为，有趣的是，即使是在普通法律的解释中，也有一些法学家（至少在国外有）认为，今天的含义并不总是等于明天的含义。“法国最高法院院长 M. 巴洛-博普雷在若干年前就解释说，通过对进化的含义（Le sens évolutif）进行司法解释，拿破仑时代的立法规定已经适应现代的情况。‘我们探究的’，他说，‘不是立法者一个世纪之前的意图是什么，而是如果他知道我们今天的情况，他的意图会是什么。’"[3]科勒尔也说，“从所有的一切可以推断，对制定法的解释绝不是永远保持不变的。那种认为只有唯一正确的解释的看法，即制定法自始至终只有一种真正的

〔1〕Klein v. Maravelas, 219 N. Y. 383, 386.

〔2〕Cf. Frankfurter, *supra*; McCulloch v. Maryland, 4 Wheat. 407.

〔3〕Munroe Smith, "Jurisprudence", pp. 29, 30; cf. Wander Eychen, *supra*, pp. 383, 384; also Brütt, *supra*, p. 62.

含义，是完全错误的。"[1] 我认为，如果可以找到这样的例子——在英国法或美国法中将这一解释的方法适用于普通法律，那么它们必定是罕见的。我毫不怀疑，为了确定各州宪法和联邦宪法中宽泛的规范和豁免的范围和含义，这种解释曾在过去被适用，而且在将来会日益频繁地被适用。我看不出有什么理由（如果存在）不将它适用于依据类似的一般思路制定的法律。无论其结果是缩小或扩大，我们将以"进化的含义"去解读它们。[2]

我们可以在近期的制定法和司法裁判中找到相反的例子。最高法院在很久之前就认定，立法机关有权管控对"公共用途"[3] 有影响的企业。最高法院如今又认定，在企业影响"公共利益"[4] 时，立法机关有类似的权力。火灾保险公司被纳入该类别。[5] 初级法院的一个新近判决将一家煤炭销售企业纳入同一类别，理由是战争的紧急状态或因战争引起的混乱给不受

---

[1] Kohler, "Interpretation of Law", transl. In 9 Modern Legal Philosophy Series; cf. the Report of Prof. Huber on the German Code, quoted by Gény, "Technic of Codes", 9 Modern Legal Philosophy Series, p. 548; also Gény, "Méthode et Sources en droit prive positif", vol. I, p. 273.

[2] Munroe Smith, *supra*.

[3] Munn v. Illinois, 94 U. S. 113.

[4] German Alliance Ins. Co. v. Kansas, 233 U. S. 389.

[5] German Alliance Ins. Co. v. Kansas, *supra*.

限制的竞争秩序带来困难和压迫。[1] 纽约近期颁布的住宅法规[2]的支持者声称，在类似的原则中找到了对古老财产权施加新限制的正当理由。我没有针对这一问题提出建议，即这些法律在某些方面是否被认为走得太过了。我所做的不过是指出这个问题的性质以及处理问题的方法和精神。[3]

如同自由，尽管依据宪法财产免受侵害，但它无法免受基于公共利益的必要管制。对于管制的内容，每代人应当自己来解决。[4] 作出芒恩诉伊利诺伊案（Munn v. Illinois，94 U. S. 113，1876）和类似案件判决的那代人断言，在企业“影响公共用途”时，就存在管制权。在适用中，这一表述不过是说，在社会需求是迫在眉睫的、紧迫的任何时候，都存在管制权。在当时的紧急情况下，对原则的这种表述可能是充分的。在如今的政治和法学思想中，不断增长的趋势是，要更加深刻地探究该原则，并对其作出更宽泛的表述。如今人们说，像任何其他的社会制度一样，财产要履行社会的功能。破坏这种制度的立法是一回事，真正履行其功能的立法又是另一回事。在欧洲大陆、英国甚至是我们美国，这是国际法专家（publicists）和法

---

[1] American Coal Mining Co. V. Coal & Food Commission, U. S. District Court, Indiana, Sept. 6, 1920.

[2] L. 1920, chaps. 942 to 953.

[3] 在撰写这些讲稿之后，这些制定法被维持：People ex rel. Durham Reality Co. V. La Fetra, 230 N. Y. 429; Marcus Brown Holding Co. v. Feldman, 256 U. S. 170。

[4] Green v. Frazier, 253 U. S. 233.

学家这一崭新的、有影响力的学派的主题。在法国人中，人们可以发现狄骥在他的《〈拿破仑法典〉以来私法的普通变迁》中对这一思想做了强有力的和启发性的阐述。[1] 这一功能理念及其职责在多大范围内能在我们的法律中立足，现在说还为时过早。或许我们会最终发现，它不过是给芒恩诉伊利诺伊案披上一种新的哲学外衣。我不打算预测我们应在多大范围内采纳它，甚至根本不想声称我们应当采纳它。就我当前的目的而言，指出这一点就足够了：新的时代和新的方法要求有新的标准和新的规则。

因此，法院可以自由地标出个人自由的界限，以依据理性和正义作出判决。这并不是说，在判断制定法的效力时，法官可以自由地以自己关于理性和正义的看法来取代他们所服务的普通人的看法。他们的标准应当是客观的。在这个问题上，重要的不是我认为是正确的，而是我认为某些具有正常智力和良心的其他人所合理地认为是正确的。"尽管法院应当作出自己的判断，这绝不是说法官认为是过分的、不符合声称的立法目的的或者依据他们不认可的道德观念制定的法律是无效的。对于不同的观点和法院不能充分了解的可能的具体条件，应当允许一定的自由度。否则，宪法就不像英语国家所普遍理解的那样，仅仅体现相对而言具有根本性的权利规则，而成为特定的伦理

---

[1] Transl. Continental Legal Hist. Series, Vol. XI, p. 74, sec. 6, *et seq.*；更极端的观点见 R. H. Tawney, "The Acquisitive Society."

上或经济上的偏袒意见，这绝不会被认为是放之四海而皆准的(semper ubique et ab omnibus)。"[1] 在这里，就像法律中常见的，"行为标准是外在的，不考虑相关人的个人因素"。[2] "法律解释者"，布吕特说，[3] "首先要将他自己对政治和立法价值评价搁置一边，并致力于以纯粹客观的精神去确认什么样的社会生活秩序最符合当前案件涉及法律的目的。"事实上，有一些法律领域存在较大自由的主观想象，对于这些领域我们稍后要提及。无论个人因素在其他领域的范围有多大，它对于立法权力界限的确定只有极小的影响（如有）。一个政府部门不应将它自己的正当标准强加给另一个政府部门。"必须记住的是，立法机关在重要程度上和法院一样，是人民自由和福利的最终守护者。"[4]

对我们公法提出批评的某些人坚持认为，法院确定制定法侵犯个人自由的容忍度的权力是一种应当被撤销的权力。[5] 他们认为，这种权力要么太大，要么太小。如果这一权力被自由地行使，如果它被作为将法官个人的哲学和信仰强加给政府其他部门的借口，如果它将立法固定在适宜于十九世纪或可能是十八世纪的形式和限度之内，它将阻碍进步，并导致人们对法

---

〔1〕 Otis v. Parker, 187 U. S. 608.

〔2〕 The Germanic, 196 U. S. 589, 596.

〔3〕 "Die Kunst der Rechtsanwendung", p. 57.

〔4〕 Missouri, K. & T. Co. v. May, 194 U. S. 267, 270; People v. Crane, 214 N. Y. 154, 173.

〔5〕 Cf. Collins, "The 14th Amendment and the States", pp. 158, 166.

院的不信任和怀疑。另一方面，如果它在宽泛和变化的意义上被解释（我认为这是正确的选择），如果制定法被维持（除非它们的专断和压迫是如此明显，以至于正直的人不能以其他的方式合理看待它们），这种监督权，有人说，也会有权力滥用的危险。“无疑，有时一个制定法的压迫和荒谬是如此明显，以至于它在任何健全的政治制度中都没有正当性。”[1] 这样的时候也许是有的，但不会很多。这种情况一定很少见：立法机关适用宽泛的标准制定一个会受到谴责的法律。并且，如果因粗心大意、仓促或短暂的热情而罕见地制定给个人或群体带来苦难的法律，我们相信后继的立法机关会纠正不当的做法。这是对现有制度提出批评的人的观点。我自己的观点是，它对于“无法估量的因素”的价值强调得太少了。通过外部来约束立法判断的权力，其效用不应当按照它行使的次数来衡量。面对机会主义的侵犯、一时的权宜之计、轻微侵犯的侵蚀以及对普遍原则缺乏耐心的人的轻蔑和嘲笑，自由和平等的伟大理念之所以得以维持，是因为它们被神圣地放进宪法里，并将保护它们的任务神圣地交给一个保护机构。通过有意识或潜意识的影响，这一约束性权力，尽管是若隐若现的却始终是存在的，有助于使立法判断稳定化和理性化，向立法注入原则的光辉，为那些必须参加这一竞赛和保持这种信念的人举着高高的、可看得见的

---

[1] Learned Hand, “Due Process of Law the Eight Hour Day”, 21 Harvard L. R. 495, 508.

标准。[1] 我不否认，曾经有一段时间司法审查可能跑偏了。立法者有时候放弃其自身职责，将它交给法院。这种风险应当与完全不受限制的独立和短期任职的公职人员的独立（其没有一个持续的传统作为指导力量）保持平衡。整体而言，我认为，在两种风险中，后一风险更为可怕。如果违反重要的箴言而没有受处罚，则其通常就是空口承诺，空口承诺容易逐渐转变为不敬。并不是在立法机关跨越其自由裁量限度的少数案件中，司法机关的约束性权力的主要价值才能体现出来。相反，我们将发现，它的主要价值在于使得那些原本可能被压制的理想能说出来并听得见，在于赋予它们生活和表达上的连续性，在于在选择的限度内指引和引导作出选择。这一职能将使法院保留现在属于它们的权力，但只有伴随着社会价值的洞见以及适应不断变化的社会需要的灵活性，这一权力的行使才有可能。

我转向社会学方法被认为是确定具有支配地位的另一个领域。有一些私法规则在它们创设时就受到公共政策的影响，而这种影响不是无声无息的或是与其他因素相结合，而是公开的、几乎完全是排他性的。这些公共政策是由新情况确定的，因此是能够变化的。我以一些当代的司法判决作为例子，其对反对限制贸易协议的普通法规则做了缓和。在这些案件中，法院允许他们有一种在其他法律部门可能不愿意公开宣称的行动自由。

---

[1] Cf. Laski, “Authority in the Modern State”, pp. 62, 63.

在诺顿费尔特诉马克西姆案（Nordenfeldt v. Maxim, Nordenfeldt Guns & Ammunition Co. L. R., 1894 App. Cas. 535, 553）中，沃森勋爵对这个问题说得直截了当：“依据公共政策作出的一系列判决，无论它们是由多么著名的法官作出的，无法拥有与那些涉及和依据纯粹普通法原则作出的判决的同样权威。”随着时间的推移或商业的繁荣，任何国家追求有关的和促进其商业利益的政策过程，必然基于不同的原因而经历发展和变化，而这些原因与法院的活动无关。至少在英国，法庭没有塑造和形成国家政策的权力。在我看来，当一个与当前案件相似的案件提交到法院时，它们的职责不一定要接受一百年或一百五十年前被认定的政策规则，而是在情况允许时以最准确的方法确定当下的政策规则是什么。在规则被确定之后，如果这些合同违反规则并且如果司法强制执行会对社会造成损害，它们的职责是拒绝承认私人合同的效力”。我们法院的司法判决书体现了类似的思想。“一些原先有充足依据的武断规则因此被修改，以对已发生变化的情况作出妥协，其背后的一些原则在现有的一些工作方法中得以适用。大部分美国法院的趋势是一致的。”[1] 我认为，在法院对待工会活动的态度上，可以发现类似的发展痕迹。上一代人对工会的怀疑甚至敌意在司法判决书中得到体现，不断发生变化的社会价值观念使得对它们进行重塑成为必要。[2]

---

〔1〕 Knowlton, J., in Anchor Electric Co. v. Hawkes, 171 Mass. 101, 104.

〔2〕 Cf. Laski, “Authority in the Modern State”, p. 39.

有一些旧观点的残迹留了下来，但它们只是残迹而已。在这个领域，法律还在形成之中，或更理想的是在重新形成之中。我们可以肯定的是，法律的新的形式会打上社会需求和社会价值的烙印，而这一社会需求和社会价值正在显现出来，想要获得承认和影响力。

第三讲

社会学的方法、法官作为立法者

我选择这些法律部门，仅仅是因为它们是法官运用社会学方法的明显例子。但事实是，对于每一个法律部门而言，这种方法都是富有成效的。即使这种方法表面上不占主导地位，它始终是留作备用。它是其他方法的裁决人（arbiter），决定各个选择的最终分析，对各种相互竞争的主张进行权衡，确定各种权利的边界，对所有各种因素进行平衡、缓和与协调。在我们的时代，极少有如此确定的规则，它们可以不需要证明其作为顺应目的的手段而存在的正当性。如果规则不起作用，那是它们生病了。如果它们生病了，它们就不会繁衍同类。有时，它们被切除，被彻底地根除。有时，它们被保留下来，带着存续生命的影子，但已经失去繁殖能力（sterilized），已经被截断，没有能力造成危害。

在合同受益人损害赔偿案件中，我们获得一个显著的例子。首先，它说明了逻辑一致性的力量。其次，它说明了逻辑一致性在孤立的、异常的案件所要求的可行和便利面前逐步地瓦解，最后，它说明了作为新的种群的例外案件获得再生能力。英国法律的逻辑一直是一致的，完全拒绝受益人的起诉权。在纽约和大多数州，基于便利需要作出了妥协，但在最初仅在例外且受制于很多限制的情况下才保护这种起诉权。渐渐地，这种例外扩大了，如今这种例外导致规则几乎没有用武之地了。[1] 这一规则主要存在于这些案件：合同当事人的意图受挫、将起诉权扩展到非合同当事人损害了便利性。[2] 在效用和正义缓慢、稳定、侵蚀性的作用下，通过逻辑演绎方法从预先设定的合同和债务概念得出的规则已经失灵了。[3]

我们观察到同样的方法在其他领域发挥作用。在合同的字面意义与合同的精神发生冲突时，我们不再完全按照字面意义来解释合同。如果我们发现合同对"内在义务"（instinct with an obligation）的表达不充分，我们就通过暗示的方式将保证解释进合同。"法律已经从形式主义的初级阶段成长起来，在那个阶段一切以精确的词语挂帅，而且每一个疏漏都是致命性的。"[4] 或许正是在程序的领域我们见证了主要的变化，尽管我们还要努力促成更重大的变化。人们以更宽容的眼光看待刑事起诉书和民事答辩状。对证据问题的裁定，越来越频繁地被认为属于

[1] Seaver v. Ransom, 224 N. Y. 233.

[2] Fosmire v. National Surety Co., 229 N. Y. 44.

[3] Cf. Duguit, *op. cit.*, Continental Legal Hist. Series, vol. XI., p. 120, sec. 36.

[4] Wood v. Duff Gordon, 222 N. Y. 88.

主审法官的自由裁量权。差错（errors）不再是推翻判决的理由，不会带来重新审判的压力，除非上诉法院认为它们对结果造成了影响。有时，需要立法来使我们摆脱旧的束缚。有时，法官的保守性在一段时间内有剥夺立法的功效（efficacy）的危险。[1] 这一危险体现在从业行为准则初次制定时法院对于其改革的态度上。[2] 那些时代确立的某些先例，甚至直到今天，产生了不恰当的影响（an unhappy influence）。尽管如此，如今的趋势是朝着日益增长的自由主义的方向发展。新的精神已经逐渐地开辟出自己的道路。尽管每一步的进步没有被注意到，但当我们回顾所穿越的距离时，它的进步是看得见的。旧的形式依然存在，但它们被赋予了新的内容。我们已经摆脱了埃利希所称的"竞技式和数学式的裁判（die spielerische und die mathematische Entscheidung）"[3]，即将诉讼概念作为数学问题或是作为体育比赛。我们的威格莫尔做了大量的工作，使得这个概念不再合乎时宜。[4] 我们如今正在思考的是法律所服务的目的，并使法律规则适合服务任务。

提出决定法律发展方向的是法律目的这一想法，是耶林对

---

〔1〕 Kelso v. Ellis, 224 N. Y. 528, 536, 537; California Packing Co. V. Kelly S. & D. Co., 228 N. Y. 49.

〔2〕 Pound, "Common Law and Legislation", 21 Harvard L. R. 383, 387.

〔3〕 Ehrlich, "Die Juristische Logik", p. 295; cf. pp. 294, 296.

〔4〕 见他的证据法教科书各处。

于法学理论的伟大贡献,[1] 在社会学的方法中可以发现它的研究方法（organon）和研究手段。重要的是目的，而不是起源。如果我们不知道它会将我们引向何处，我们就没有智慧来选择路径。对于其职责，法官在脑海中必须时刻有目的性的功能观念。当然，这意味着普通法的法律哲学实际上就是实用主义哲学。[2] 它的思想体系是相对的，而不是绝对的。那些作用良好的规则能产生类似产权证书那样的认可效力。只是在决定它应如何发挥作用时，我们对它的考虑不要过于狭隘。我们不得为了特殊性而牺牲一般性。我们不得为了实现个案正义而完全不顾一致性和统一性的优点。[3] 我们必须在普通法缝隙的界限内进行法官实施的创新，这一界限是由数世纪以来普通法的先例、习惯以及其他法官长期、默默、难以描述的行为所设定的。但在这样设定的界限内，在选择的活动范围内，如同立法者一样，法官最终选定的原则，就是符合目的的原则。“目的是内在的生命，隐藏的灵魂，却是一切权利的生产者（Le but est la vie interne, l'ame cachee, mais generatrice, de tous lesdroits）。”[4] 我们并不像从树上采摘成熟的果实那样来选择法律规则。参照自身

---

[1] Jhering, “Zweck im Recht”, 5 Modern Legal Philosophy Series; 另见 Gény, *op. cit.*, vol. I, p. 8; Pound, “Scope and Purpose of Sociological Jurisprudence”, 25 Harvard L. R. 140, 141, 145; Pound, “Mechanical Jurisprudence”, 8 Columbia L. R. 603, 610.

[2] Pound, “Mechanical Jurisprudence”, 8 Columbia L. R. 603, 609.

[3] Cf. Brütt, *supra*, pp. 161, 163.

[4] Saleilles, “De la Personnalite Juridique”, p. 497.

经验的每个法官都应当有时代意识：在促进共同的善的既定目的指导下，自由行使的意志决定着源于创造性活动的规则的形式和趋势。萨维尼的法理念，即将法视为某种无须经过抗争、目的或目标就能实现的东西，视为默默发展的过程，视为民族的历史和天才的生活和习惯的结果，提供的是一幅残缺不全的图景。如果我们将它理解为，塑造法律规则的法官应当留意他所处时代的习俗，那么的确如此。如果认为时代的习俗自动地塑造出成熟的、现成的规则，并把它交给法官，那么它就是片面的和错误的。[1] 这就将法律规范和法律原则混淆了，即将德语 Entscheidungsnormen 和 Rechtssätze 混淆了。[2] 事实上，法律是历史发展的产物，因为它是不同时代默默的、无意识发展的风俗习惯（customary morality）的反映。这是萨维尼的法律渊源理论的伟大真理。但是，法律也是有意识、有目的发展的产物，除非法官心中关注道德目的的实现及其在法律形式上的体现，否则对风俗习惯的反映将是错误的。[3] 如果要实现期待的目的（the end in view），法官就需要作出有意识的努力。法官将在社会生活中发现效用和道德的标准和模式。立法者也会以同样的方式发现它们。然而，这并不是说，一个机构的职责与另一个

[1] Cf. Ehrlich, "Grundlegung der Soziologie des Rechts," pp. 366, 368; Pound, "Courts and Legislation," 9 Modern Legal Philosophy Series, p. 212; Gray, "Nature and Source of Law," secs. 628, 650; Vinogradoff, "Outlines of Historical Jurisprudence," p. 135.

[2] Ehrlich, *supra*.

[3] Cf. Gény, *op. cit.*, vol. I, p. 263, sec. 92.

机构的相比只是自然形态的一个复制品。

外国法学家曾发生过很多争论：法官是否依照客观标准或主观标准去发现正确、有用的行为规范和社会福利的模式。不同的思想流派就各自的观点展开论战。[1] 有时，争议似乎仅仅放在对于用语的理解上。就具有实际意义的分歧而言，我们的法学传统要求我们遵循客观的标准。当然，我不是说，这一理想的客观标准曾经在什么时候完全实现过。我们无法超出自我限制，看清它的本来面目。尽管如此，这是在我们能力范围内要努力争取的理想。这一事实（truth），在清楚地被意识到时，是与法官的职责相统一的。法官根据理性和正义去宣示法律的义务，被视为其根据习惯宣示法律的义务的一个阶段。他通过判决去执行的是正直的人们的风俗习惯。一种法学，如果不是持续地与客观或外在标准相联系，将引起退化为德国人所称“情感法学（Gefühlsjurisprudenz）”——一种只是情感或感觉的法学——的风险。[2]一个司法判决，斯塔姆勒说，“应是一份客观权利的判决，而不应是主观、不受约束的意见；是一份判决，而不只是个人的命令。”当司法判决被说成《维洛那二绅士》剧本（第一幕第二场）中所说的那样：[3]

---

〔1〕 一个清晰和有趣的概括，见 Brütt, *supra*, p. 101, et seq.; Cf. Gény, *op. cit.*, vol. I, p. 221；并与 Flavius 相对照，*op. cit.*, p. 87。

〔2〕 Brütt, *supra*, p. 101-111.

〔3〕 此处引用朱生豪先生的译文，略作改动，见［英］威廉莎士比亚：《莎士比亚文集 I》，朱生豪译，人民文学出版社 2014 年版，第 10 页。——译者注

"除了女人的直觉，我没有别的理由；

我认为他最好，因为我觉得他最好。"[1]

这个案件就不妙了（evil stands the case）。

有些杰出的学者主张更为主观的标准。"我们全都同意"，格雷说，[2]"很多案件应当由法官根据是非观念来判决，而且，毫无疑问，每个人会同意法官可能共享他所在社会普遍存在的是非观念。但假定在一个案件中，法官除了是非观念没有其他可以指导的，而他的是非观念与社会的不同，他应当遵循哪个，是他自己的观念还是社会的观念？卡特的理论（J. C. 卡特，《法律的起源与渊源》）要求他说法官应遵循社会的观念。我认为，法官应遵循他自己的观念。"格雷教授向我们提供的假说，不太可能在实践中实行。事实上，这样的案件是极为罕见的：对正确的行为存在相矛盾的观念，而没有任何东西可以打破平衡。然而，如果假定这里出现这样的案件，我认为，如果法官将自己的行为或信仰癖好作为生活规则强加给社会，那么法官就会犯错。举例说明，让我们假设一位法官将看戏看做一种罪恶。在一个法律规则仍然未确立的领域，如果他允许这一信念去支配他的判决（尽管他明知与主流的正确行为的标准相冲突），他会做得好吗？我自己的想法是，他有义务遵守公认的社会标准和时代的习俗。但是，这不是说，在提升通行的行为水

---

[1] Stammler, "Richtiges Recht", s. 162, 为 Brütt 所引, *supra*, p. 104.

[2] "Nature and Sources of Law", sec. 162.

准方面，法官是无能为力的。在一个或另一个活动领域中，与时代看法和标准相反的实践，可能会逐渐发展，如果没有将其驱逐，其会对前者的巩固造成威胁。尽管这种实践会暂时存在，但它们无法与公认的道德规范相比。懒散和消极容忍了社会考虑周全的判断所谴责的做法。在这种情况下，法官的一个最高职责，是建立行为和职业的真正联系。说起来有点自相矛盾的是，甚至有过几乎以主观指标来满足客观标准的时期。某些生活关系施加了仅仅按照风俗习惯来作为的义务。在这些情形，风俗习惯就应当是法官的标准。当它所体现的不是一个道德感很强的道德时，买主当心（caveat emptor）是一个通常需要遵守的法律原则。其他的生活关系，例如受托人与受益人的关系、主债务人和保证人的关系，也被施加了仅仅按照最高标准（即一个具有最审慎良心和最佳荣誉感的人可能施加给自己的标准）来作为的义务。在这些情形，强制遵从这些标准成为法官的义务。新的情形（在其发生时）是被归入这类关系还是那类关系，应通过对类推、便利、适宜和正义的考量来确定。

如我说过的，在法官不受成规限制的领域，真实的实际情况是，主观的、个人的良心和客观的、一般的良心的区分是模糊的、转瞬即逝的，并且它们倾向于变为只是语词上的不同。对于诡辩家和哲学家而言，它具有思辨上的兴趣。但在实际的司法实践中，它对于法官很少是决定性的。这点是作为客观权利理论最坚定的支持者布吕特所承认的。[1] 客观权利的感知带有主观意见的色彩。主观意见的结论带有习惯做法和客观化信仰的色彩。在外在和内在之间存在持续的、不易觉察的互动。一方面，我们可能会认同塔尔德[2]及其学派的观点，即一切社会创新来自“通过模仿传播进行的个体创新”。[3] 另一方面，我们也可能会认同涂尔干及其学派的观点，即所有的创新来自“社会思想的行动”。[4] 在这两种观点中，无论是由个体还是社会推动，是内部推动还是外部推动，无论是部分还是总体（mass）无法脱离彼此独立进行运作。个人的和整体的思想、意志是不可分离地联结在一起的。就像流行的这种或那种司法义务理论，差异至多只是观察问题的重点、处理方法、观点或视角上的一些不同。这种不同只是模糊地或通过潜意识影响的力量，才能反映到法院的判决中。

我对司法过程的分析所得出的只是这样的结论，逻辑、历史、习俗、效用、公认的正确行为的标准，单独或共同影响法律的发展。在具体案件中，这些力量中哪一种起支配作用，在很大程度上取决于所促进或受损害的社会利益的相对重要性或

---

〔1〕 *Supra*, p. 139.

〔2〕 塔尔德（G. Tarde），法国社会学家，认为模仿是基本的社会现象，是社会进步的根源，著有《模仿律》。——译者注

〔3〕 Banes, “Durkheim's Political Theory”, 35 Pol. Science Quarterly, p. 239.

〔4〕 *Ibid.*; cf. Barker, “Political Thought from Spencer to Today”, pp. 151, 153, 175.

价值。[1] 最根本的一个社会利益是，法律应当是统一的、公正的。在法律行动中，不应有偏见、偏袒甚或是专断的突然决定或不稳定性。因此，总体来说，应当遵守先例。法律的发展应当是对称的发展：在历史或习俗是塑造现行规则的推动力或主要推动力时，就与历史或习俗相一致；在哲学或逻辑是推动力时，就与哲学或逻辑相一致。但要实现对称的发展，付出的代价太高了。在一致性变成压迫的一致性时，它就不是合乎情理的。对称或确定性所服务的社会利益，应当与公平、公正或其他因素所服务的社会福利保持平衡。这些因素将责令法官从另一个角度划定界线，沿着新的路线开辟新的道路，标出后来者踏上其征途的新起点。

如果你问法官是如何知道什么时候一种利益优先于另一种利益，我只能回答，他应当像立法者一样，通过经验、研究和思考来获得知识。简而言之，从生活本身获得。事实上，这是立法者工作和法官工作的连结点。对方法的选择和对价值的评价，最终应当像立法者所考虑的那样，由法官在相似因素的指引下作出。实际上，每个法官在自己的权限范围内立法。毫无疑问，法官的权限是很小的。他只能在有漏洞之处立法。他填补法律中的空白领域。在多大范围内立法，而没有超越缝隙的界限，并没有图表来标明。他应当自己学习，通过多年的技艺

---

[1] Vander Eycken, "Méthode Positive de l'Interprétation juridique", p. 59; Ehrlich, "Die juristiche Logik", p. 187.

实践来获得健全感和比例感。即使是在这些空白内，这些限制（无论它们是否难以理解）是不容易确定的，而只能被每个法官和律师所感知到，并对他的行为进行限制和约束。它们是通过数世纪的传统，通过其他的法官、他的前辈和同事的榜样、通过职业的集体判断以及通过对弥漫着法律精神义务的遵守来确立的。“他可以干预”，沙尔蒙说，[1]“但他只有在为了对正式权威进行补充时时才介入，而且，即使在该领域，对他确立法律规则的自由裁量权也有一些限制。他既不能通过明示或暗示认可的方式，对我们司法组织的一般性原则的适用范围进行限制，也不能通过引入某些延迟的期间、某些程序或某些公共性规则来制定支配特定权利行使的细则。”[2] 但是，在这些空白、先例和传统的限度内，法官有选择的自由，可以贴上创造性活动的标签。由此产生的法律不是被发现的，而是被制定的。这个过程，由于是立法性质的，需要有立法者的智慧。

---

[1] “La Renaissance du droit naturel”, p. 181.

[2] Charmont, *supra*, 7 Modern Legal Philosophy Series, pp. 120, sec. 91. 转引自耶林：“作为目的手段的法律”（5 Modern Legal Philosophy Series, W. M. Geldart 所做的导言，p. xlvi）：“法律的目的体现在诸多法律概念中，这些法律概念必须独立发展，无法每一步都要符合特定的需要，否则体系和确定性就会无法实现。但是，法律的这一自主性，如果仅仅是由于逻辑的过度或缺陷造成的，将带来法律与生活的差异，这一差异时不时地要求进行纠正……如果应当通过司法判决或法律理论的发展来进行必要的改革，在多大的范围以及立法者在多大范围介入，是一个因法律区域不同而发生变化的问题，对这一问题要根据有关先例的约束力、制定法的性质或司法解释或宽或窄的自由的公认传统来作出。”

事实上，对司法职责的这一看法没有什么革命性或新意。[1]数世纪以来，法院在普通法的发展过程中就是这样来工作的。不同时代的差异并不在于认可法律自身要符合目的这种需求。毋宁是，由于目的的性质，法律需要符合目的。曾经有过这样的时期，一致性，甚至僵化，对个人因素的消除，被认为是至高无上的需要。[2]有点自相矛盾的是，仅仅考虑手段，不考虑目的，目的就能很好地实现。逐渐地，一种更为灵活的制度需求开始自我表现出来。通常，通过善意拟制这一方式，旧规则与新规则之间的缝隙（gap）得以填补。[3]在这里，我们所关心的事情是，在目的的重要性占支配性地位时，缝隙被填补了。在今天，对拟制的使用已经衰落，行为的动机（springs of the action）被公开，而它们在过去是被隐藏起来的。然而，即便是现在，对于拟制的支配对象而言，他们对行为的动机也并不完全了解。大部分过程是没有意识的，或者几乎是没有意识的。法院自身强调的目的，指导法院的理由和动机，通常是隐约地被感觉到，直觉地或几乎是直觉地被领会，很少被明确承认。很少有深思熟虑的反省、解剖、分析或哲学思考。结果就出现了不为人知的或被遗忘的成分不明的混合物。这就是人们发现

---

〔1〕 Cf. Berolzheimer, 9 Modern Legal Philosophy Series, pp. 167, 168.

〔2〕 Flavius, *supra*, p. 49; 2 Pollock and Maitland, "History of English Law", p. 561.

〔3〕 Smith, "Surviving Fictions", 27 Yale L. J., 147, 317; Ehrlich, *supra*, pp. 227, 228; Saleilles, "De la Personnalité Juridique", p. 382.

立法政策导致法律混合物成为现在这个样子时感到震惊的原因。"我们没有意识到"，霍姆斯说，[1] "只要公众的思维习惯发生些许的变化，我们的法律中就有多大部分应当重新加以考虑。没有任何一个具体的命题是不证自明的，无论我们多么愿意接受它。即使是赫伯特·斯宾塞笔下的每个人，都有权利按照他的意志行事，只要他没有干涉他的邻居的类似权利"。他继续说："为什么一项善意作出的有关公务员的不真实、诋毁性的陈述被特殊对待（privileged）？这是因为人们认为，信息的自由表达，比保护个人不受这种侵害更为重要。为什么允许一个人设立他明知会损害他邻居的企业？这是因为自由竞争可以促进社会利益。显而易见的是，这种对相对重要性的判断会因时间和地点的不同而发生变化……我认为，法官自己没有充分地认识到其有义务对社会利益因素进行衡量。就如我所说过的，这一义务是无法逃避的，司法上常常宣称厌恶处理这种考虑因素，其结果是简单地将判决的理由和依据放在一边，而且经常是无意识的。"

不仅在我们的普通法制度中这一观念得到接受（made its way）。即使是在司法主动权受到制定法更严密限制的其他制度，类似的发展也开始流行（in the air）。在每一个地方，法官职责和立法者职责的类比得到了越来越多的强调。我以弗朗索瓦·

[1] "The Path of the Law", 10 Harvard L. R. 466.

惹尼作为例子，他大胆和提示性地提出了这种类比。[1] “先验地看”，他说，“在法官找法的过程中必须采用的研究方法，在我们看来似乎与对立法者的要求非常类似——除了这种情况，当然不能忽视但就重要性而言是次要的：这一过程是由某个具体情形推动的，而且，为了使法律适应于该情形，就达成最终目的而言，对它进行指导的各种因素，与支配立法行为的那些因素在性质上是完全一样的，因为在每种情况下，问题都是通过恰当的规则，尽可能地满足正义和社会效用。因此，在正式的法律资源默不作声和不充分的情况下，我将毫无犹豫地向法官指出基本的指导思路：法官应当像立法者在规范问题时向自己提出议案那样，遵从同样的目的，形成自己的法律判决。但是，在这里，司法活动和立法活动存在一个重大的不同。尽管立法者在理解一般情形时（他以完全抽象的方式来进行规范）不受到任何限制的束缚，作出裁决的法官要考虑具体的案件和绝对具体的问题，他应当遵守的我们现代组织的精神，并且，为了避免专断行为的危险，他应当尽可能地摆脱个人的或面临的特殊情况的影响，并根据客观的因素作出司法裁决。这就是为什么在我看来，他的恰当行动是能够被正当地称为自由的、科学的研究。它是自由的，因为它不属于实证权力机关的行为。同时，它又是科学的，因为它在客观因素中找到坚实的基础，

〔1〕 *Op. Cit.*, vol. II, p. 77.

而客观因素只有在科学中才能被揭示。”[1]

在他的《司法解释的积极方法》中，范德·雷肯[2]令人羡慕地对现代观点的正当性做了表述：[3] “从前，人们将法律视作立法者有意识的意志的产物。如今，他们在法律里观察到一种自然的力量。然而，如果我们可以将‘自然的’这个词归因于法律，就如我们所说的，在完全不同意义上，它来自从前依附于‘自然法’的表述。该表述意味着，作为理性的一个要素，自然对我们产生了重要的影响，法典的所有条款都不过是原则的应用。在如今，同样的表述指的是，法律来自事物之间的事实关系。就像这些关系本身，自然法处于不断的纠缠之中（in perpetual travail）。我们要寻找法律的渊源。它不再存在于从理性推演而来的文本或制度中。它存在于社会效用中，存在于某些结果将伴随特定假定而出现的必然性中。立法者对这样的法律只有一些碎片化的意识，他通过制定的规则来解释（translate）法律。如果问题是确定这些规则的含义，我们应当去哪里寻找该含义呢？显然是它们的源头，也就是说，是社会生活的迫切需要。在这里，我们最有可能发现法律的含义。同样地，如果问题是填补法律的漏洞，我们要寻找解决方案，靠的不是逻辑演绎，而是社会需要。”

---

[1] 埃利希也有同样的观点，“Die juristische Logik”，p. 312。

[2] 布鲁塞尔大学教授。

[3] p. 401，sec. 239.

在普通法发展的过程中，很多的漏洞是通过借助其他的制度来填补的。我们法学的整个权利体系（whole titles）从罗马法沿袭而来。我们一些伟大的法官——英国的曼斯菲尔德法官和我国（美国）的肯特、斯托里法官——从来都是不厌其烦地通过引用《学说汇纂》来支持其判决。如果我们试图估量罗马法在多大程度上修正了英国或我国的普通法，我们就会走入歧途（too far afield）。[1] 罗马法从来不具有权威性。伟大的历史继受运动没有触及英伦三岛。[2] 罗马法提供了类推，罗马法暗示了思考方法。对于不能解决的问题，罗马法提供了明智的解决方案。但是，外国制度的作用只是建议，而不是命令。它没有提供新的方法，它为我们提供了制造产品的方法（即哲学、历史和社会学方法）所使用的原材料。它只是社会经验、真理和智慧这个伟大宝藏的一个库房，普通法的法官必须从该宝藏获得他们的知识和灵感。

这样来认识法律，即与宣示法律的权力相伴的是——在法律不存在时，法官在其限度之内——制定法律的权力，我赞同这种观点，但是，我并不是站在那些法学家一边，他们似乎认为，在现实中除了法院判决不存在法律。我认为，真理存在于这两种极端观点之间：一派以科克、黑尔和布莱克斯通为代表，

---

〔1〕 对于这一主题，见 Sherman, "Roman Law in the Modern World"; Scrutton, "Roman Law Influence", 1 Select Essays in Anglo-Am. Legal Hist. 208.

〔2〕 1 Pollock and Maitland's "History of English Law", 88, 114; Maitland's "Introduction to Gierke", *supra*, p. xii.

另一派以奥斯丁、霍兰德、格雷和杰思罗·布朗为代表。老派作者的理论是法官完全不从事立法。在习惯法中，存在着嵌入的、隐藏的既有规则。法官所全部要做的是扔掉包装纸，将制定法暴露在我们的视线中。[1] 从边沁和奥斯丁的时代开始，人们认为，没有人未经演绎或不加保留就接受这种理论，即使我们在现代判决中发现它们挥之不去的痕迹。今天，则存在另一个危险，尽管是相反的错误。从法官从未制定法律这一观点出发，奥斯丁式分析的信徒有时得出这个结论，即法律从来不是任何其他人制定的。他们说，无论习惯是如何根深蒂固，它们在被法院采纳之前不是法律。[2] 即使制定法也不是法律，因为它们的含义要由法院来确定。这是格雷在他的《法律的性质与渊源》的观点。[3] “我主张，真正的观点是”，他说，“法律是由法官所宣示的，制定法、先例、学识渊博专家的意见、习惯和道德是法律的渊源。”[4] 因此，杰思罗·布朗在《法律与进化》[5] 一文中告诉我们，制定法在被解释之前不是真正的法律，它只是“表面的”法律。他说，真正的法律只有在法院的判决书才能找到，不可能在其他的地方找到。依据这种观点，即使是过去的判决书也不是法律，因为法院可以推翻它们。基

---

〔1〕 Cf. Pound, 27 Harvard L. R. 731, 733.

〔2〕 Austin, “Jurisprudence”, vol. I, 37, 104; Holland, “Jurisprudence”, p. 54; W. Jethro Brown, “The Austinian Theory of Law”, p. 311.

〔3〕 Sec. 602.

〔4〕 Cf. Gray, *supra*, secs. 276, 366, 369.

〔5〕 29 Yale L. J. 394.

于同样的理由，当前的判决书也不是法律，它只是对诉讼当事人是法律。人们日复一日地从事活动，并以幻想的法律来控制他们的行为。他们所服从的法律事实上完全不是法律。法律从来不是“是”（is），而始终是“将会是”（about to be）。法律只有在判决书中才能得以实现，并且在它在实现之时就过期了。没有规则或原则这样的东西，只有一些孤立的判决。

法律的定义实际上否定了法律存在的可能性，因为它否定了一些普遍运作规则，[1] 即规则自身必定包含荒谬和错误的种子这种可能。如果分析破坏了它想要解释的东西，那么它就毫无用处。法律和遵守法律是我们每一天的生活经验所能确认的事实。如果定义的结果是使事实看上去像幻觉，那么定义就太糟糕了。我们必须将定义加以扩大，直到它足以回应事实。当显著的生活事实和重要的、不容置疑的社会现象不符合我们狭小的模式时，我们不能以神话和异想天开将它们搪塞过去。如果有必要，我们要改造我们的模式。我们应当寻找一个现实主义认为是符合事实的法律概念。制定法不会因为在出现疑问或含糊时将确定含义的权力交给法院而不再是法律。基于类似的理由，人们可能会说，作为订约意愿表达的合同也不具有现实性。无论先例有多么确定，法律的全部特性（quality）并不是都来自先例，因为法院有时会行使特权推翻自己的判决。我认为，这些是现实主义观念引导我们得出的结论。毫无疑问，有

[1] Cf. Beale, “Conflict of Laws”, p. 153, sec. 129.

这样一个领域，在那里司法判决的变动可以不受既定原则的限制。制定法、先例、习惯或道德的晦涩，或者它们相互之间的冲突，导致法律的不确定，并施加给法院溯及既往地宣示法律（平心而论是行使在职能上的立法性权力）的义务。在这种情况下，争议的当事人所要做的就是尽可能地预测法院要宣示的规则，并相应地作出调整。我们不应因这些偶尔的、相对少见的案例而蒙住我们的眼睛，看不见无数的案件，在那些案件中，不存在晦涩、冲突或作出不同判决的机会。我们多数人在生活中会自觉地服从法律规则，无须诉诸法院来确定我们的权利和义务。对于绝大多数人而言，诉讼是罕见的，是灾难性的经历。即使在灾难发生时，争议通常与法律无关，而与事实相关。在无数的诉讼中，法律是很清楚的，法官没有裁量权。法官有权在缝隙处立法，但常常并不存在缝隙。如果你只盯着荒地，不愿意看一看已播种的、肥沃的土地，那么你看到的将是一幅错误的图景。我认为，错误的根源在于未能区分权利和权力，未能区分判决书中所体现的命令和法官应遵守的法律原则。法官当然有权力（尽管不是权利）忽视制定法的强制性规定，并不理会它而作出判决。他们有权力（尽管不是权利）跨越缝隙的边界以及先例和习惯对司法创新所设定的界限。但是，如果他们滥用权力，他们就违反了法律。如果他们是故意地（例如以罪恶或邪恶的心态）违反法律，他们构成法律上的不法行为，将被开除或惩罚，即使是他们作出的判决是有效的。简而言之，存在着一些限制法官自由的法律原则，[1] 而且，在某些作者看来——我们不必认同其观点——存在着一些限制国家自身自由的法律原则。[2] 生活要活出精彩（life may be lived），行为要有规律（conduct may be ordered）。之所以生活要活出精彩、行为要有规律，是因为无数的个体无须卷入法律可能被误解的领域，除非这种误解伴随着有意的权力滥用。法官的行为从不触及产生争议的边缘领域或模糊地带。从出生到死亡，他们的行为每次都受到国家权力的制约，而且，他们不曾有一次请求法官划清正确和错误的界限。我无法否定这些对人类命运实施强制的规则，说它们不是法律。[3]

陈旧的布莱克斯通式既有法律规则理论，即认为过去的法官只能发现而不能制定法律，与一个更古老的理论——自然法理论——相吻合。该理论的发展构成法学和政治科学史上漫长的、有趣的一章。[4] 该学说在斯多葛学派那里达到发展顶峰，历经数世纪的不同阶段而持续下来，它深深地嵌入常见的语言

---

[1] Salmond, "Jurisprudence", p. 157; Sadler, "Relation of Law to Custom", pp. 4, 6, 50; F. A. Geer, 9 L. Q. R. 153.

[2] Duguit, "Law and the State", 31 Harvard L. R. 1; Vinogradolf, "The Crisis of Modern Jurisprudence", 29 Yale L. J. 312; Laski, "Authority in the Modern State," pp. 41, 42.

[3] "法律是普遍规则和具体规则的结合体，根据其民事权利得以创设和规范，不法行为被阻止或纠正。"（Beale, "Conflict of Laws", p. 132, sec. 114.）

[4] Salmond, "The Law of Nature", 11 L. Q. R. 121; Pollock, "The History of the Law of Nature", 1 Columbia L. R. 11; 2 Lowell, "The Government of England", 477, 478; Maitland's "Collected Paper", p. 23.

和思考之中，深刻地影响了人们对国家治理和法律的思考和理想。曾经有一段时间，随着分析法学派的兴起和取得支配地位，自然法似乎被贬低和抛弃。[1]近期的法学思潮使自然法又流行起来，不过它的形式有了彻底的改变，以至于旧的理论名存实亡。[2] 自然法不再被视为是静止的或永恒不变的东西。它并不超越人的或实证的法律。在其他方法失灵时，它就是人法或实证法的材料。[3] “现代法哲学和自然法哲学的共同之处在于，每一方都想成为公正的科学。但现代法哲学和自然法哲学的本质不同在于，后者想在实证法之外找到公正的自然法，而新的法哲学想从实证法中——从它是什么以及它将成为什么中——演绎出公正的要素并将其确定下来。自然法学派寻求一种绝对的、理想的‘自然法’，在它旁边的实证法，在重要性上是次要的。现代法哲学承认只有实证法这一种法律，但它寻求实证法理想的一面以及经久不衰的理念。”[4] 我对证明这一术语的准

---

〔1〕 Cf. Ritchie, “Natural Rights.”

〔2〕 Pound, 25 Harvard L. R. 162; Charmont, “La Renaissance du droit naturel”, passim; also transl., 7 Modern Legal Philosophy Series, pp. 106, III; Demogue, “Analysis of Fundamental Notions”, 7 Modern Legal Philosophy Series, p. 373, sec. 212; Laski, “Authority in the Modern State”, p. 64.

〔3〕 Vander Eycken, *op. cit.*, p. 401.

〔4〕 Berolzheimer, “System der Rechts und Wirthschaftsphilosophie”, vol. II, 27, 转引自 Pound, “Scope and Purpose of Sociological Jurisprudence”, 24 Harvard L. R. 607; also Issacs, “The Schools of Juriprudence”, 31 Harvard L. R. 373, 389; 对于中世纪的观点，见 Maitland's “Gierke, Political Theories of the Middle Age”, pp. 75, 84, 93, 173.

确性没有兴趣：是否由于这一术语，在法院将其反映在判决书中并承认对它有约束力之前，那些法院有义务服从的理性和良知的命令被赋予法律之名？[1] 如果我们说，对奥斯丁、霍兰、格雷和许多其他人而言，在那之前，它们都只是道德规范，我认为是没问题的。该等字词争议无法引起我的很大兴趣。在我看来，真正重要的是，在其创新权力的限度内，法官有义务维持法律与道德的关系以及法学规范与理性和良好正义感的关系。我认为，在一定意义上，这一义务从未被质疑过。[2] 然而，人们有时候认为，义务被分析法学家弄得难以理解，他们强调字面定义的精确，而牺牲了与目标、目的和功能相应的更深刻、更难以觉察的现实。对道德和正义不是法律的不断强调，趋向于使人们不信任和蔑视法律，认为道德和正义对于其不只是不相容的，而且是相敌对的。如果新发展的“自然法（naturrecht）”能给我们带来恰当的方法和理念，我们也许可以原谅这一不恰当的用语。我们不需要这种只想着法律和正义的不同的字词争议，而忘记它们之间更深层次的和谐。对我们而言，我们更需要的是，对法国“民法典”的宣扬：[3] “审判员借口没有法律或者法律不明确不完备而拒绝受理者，得依拒绝审判

---

〔1〕 Holland, “Jurisprudence”, p. 54.

〔2〕 See Gray, *supra*, p. 286, sec, 644, 645.

〔3〕 Art. 4; Gray, supra, sec. 642; Gény, op. Cit., vol. II, p. 75, sec. 155; Gnaeus Flavius, “Der Kampf um die Rechtswissenschaft,” p. 14.

罪追诉之。"[1] "我们法院的职能"，一位尖锐的批评者说，"是通过对法律原则的不断重述和不停地赋予其新的内容来与道德观念相适应。这是司法性的立法，法官冒着风险立法。尽管如此，正是该等立法的必要性和义务赋予司法机关最高的荣耀，没有哪个勇敢而诚实的法官会推卸这一责任或畏惧这一风险。"[2]

你们可能会说，没有办法保证法官在解释其时代的道德观念时会比其他人更明智或诚实。我不想否认这点，但我的观点是它不重要。重要的是，这一解释的权力总要放在某处，而宪法惯例将它放在法官的手里。如果他们要履行其作为法官的职责，这一解释权力就很难放在他处。事实上，法官的结论要受到持续的检验、重新检验、修正和再次调整。但是，如果他们按照良心和智慧进行裁决，他们应当得出相当于真相和智慧平均值的结论。对法官依据风俗习惯塑造法律这一权力和义务的认可，远不是对全部规则的破坏，并在每个案件中实现个案正义（即公平的裁决）。[3] 如果法官是仁慈的人，这会导致仁政的专制。它会终结法律的统治。社会学的方法，即使以比过去更大的自由方式来运用，也不会朝着该等灾难的方向行进。有机体的形式和结构是固定的。运动的细胞并不改变该总体的比

[1] 此处参照李浩培等译《拿破仑法典》第 4 条，商务印书馆 1979 年版。——译者注

[2] Arthur L. Corbin, 29 Yale L. J. 771.

[3] Cf. Standard Chemical Corp. V. Waugh Corp., 231 N. Y. 51, 55.

例。与到处限制他的法律规则的数量和挤压相比，法官进行的创新权力是微不足道的。在某种程度上，法官必须进行创新，因为面对新情况必须有新的规则。社会学的方法所要求的是，在这一狭小的选择范围之内，他应当追求社会正义。法制史上曾经有过不太需要心理学方法的阶段。对事实进行定量检验的旧方法在当时能满足社会的需要。[1] 这一时代早已成为过去。关注自身的现代法学思潮，将司法程序受制于内省式审查，可能为我们提供了新的术语和重点。但是，事实上，它的方法不是崭新的。它是伟大的衡平法法官的方法：在不牺牲一致性和确定性的情况下，通过持续地寻求正当理性和良知的教导，建立起衡平法制度。它是通过大师之手使普通法重新获得其生命的方法，它是曼斯菲尔德和马歇尔的方法，它是肯特和霍姆斯的方法。

事实上，在过去并且在我们自己的时代都有过一些运动，将个人对法律和道德的直觉作为评判是非的唯一标准。用惹尼的表述，我们被要求建立一个最糟时是“司法无政府状态”或最理想时是“司法印象主义”的制度。[2] 这一制度的试验或至少是接近试验的事物，不久前在法国被尝试过。有一些支持者，

---

〔1〕 Flavius, “Der Kampf um die Rechtswissenschaft”, pp. 48, 49; Ehrlich, “Die juristische Logik,” pp. 291.

〔2〕 Gény, *op. cit.*, ed. Of 1919, vol. II, p. 288, sec. 196; p. 305, sec. 200.

他们具有与我们法院的批评者相类似的信条。[1] 法国的试验，其以“马尼奥现象”著称，是惹尼一本精彩著作（出版于 1919 年）上一版后记的主题。[2] 在 1889 年到 1904 年之间，蒂抄托-蒂埃里初审法庭，在其庭长马尼奥的领导下，发起了对现行法律秩序的反抗。它的成员以好法官著称。他们似乎在每个案件中都自问：在该情形下一个好人希望做什么，并据此相应地作出判决。有时，这是在与制定法不一致的情况下作出的。我不声称对他们的做法有一手的资料。但是，惹尼对这种做法进行了谴责，并说它的影响已经衰竭。无论该印象主义的优点或不足是什么，它不是我们所了解的我们法律的司法程序。[3] 我们的法学坚持康德的绝对命令，“按照你希望成为普遍法则的准则去行动”。它拒绝为了狭隘、微小的善而牺牲更大、更包容的善。合同已经成立，但履行是难以承担的，甚至可能是压迫性的。如果我们仅仅考虑单个案件，我们可能准备对要约人作出豁免。但是，我们要超出个案看到全体，按照合同应履行的社会根本利益来作出判决。在以个人的正义直觉替代法律和将它作为解释或扩大法律的标准或试金石之间，存在着巨大的鸿沟。我认为，现代法官从事工作的基调在 1907 年的《瑞士民法典》

[1] Bruce, “Judicial Buncombe in North Dakota and Other States”, 88 Central L. J. 136; Judge Robinson's Reply, 88 ibid. 155; “Rule and Discretion in the Administration of Justice”, 33 Harvard L. R. 792.

[2] Gény, *op. cit.*, ed. Of 1919, vol. II, p. 287, sec. 196, *et seq.*

[3] Salmond, “Jurisprudence”, pp. 19, 20.

第1条得到了很充分的表达，围绕这一条产生了大量的法学评论。“本法”，《瑞士民法典》规定：“适用于依本法的文字或精神有相应规定的任何法律问题。在没有适用的制定法时，法官应依据习惯法进行裁判。在没有习惯法时，依据其作为立法者应提出的规则进行裁判。他应当依据学说和法院的惯例进行裁判。”[1] 在最终行为准则方面，“马尼奥现象”和依法实现正义之间存在根本的不同。即使是在自由时，法官也不是完全自由的。他不能为所欲为地进行创新。他不是为了追求自己的理想而随意行走的侠士。他从神圣的原则中获取灵感。他不得屈从于阵发性的情绪，不得屈从于不明确的、未受约束的仁慈。他按照传统、类推和体系的方法行使自由裁量权，服从于“社会生活秩序的基本需要”。[2] 凭良心，自由裁量的领域足够宽广。

---

〔1〕 Gény, *op. cit.*, II., p. 213. 又见 Perick, “The Swiss Code”, XI, Continental Legal Hist. Series, p. 238, sec. 5.

〔2〕 Gény, *op. cit.*, II., p. 303, sec. 200.

第四讲

遵循先例、司法过程中的潜意识因素、结论

在先例和习惯失灵或被取代时，若自然法（在我之前使用的意义上）无法向法官提供判决的主要规则，通过司法判决创制法律这一制度（它为判决宣告之前完成的交易提供规则），将因其困难和压迫性而变得无法忍受。默许该方法的依据在于这一信念：在事先存在的法律规则无法涵盖这一情形时，除了让某些公正的仲裁者宣布，一个公平合理的人，考虑到社会生活习惯以及他们当中流行的正义和公平交易标准，在该情形下（即不存在法律规则而只有习惯和良知来规范其行为）应当做什么，就没有什么可以做的了。人们的感觉是，如果判决体现的规则以制定法的方式提前公布，则十之八九正常理性的人的做法是相同的。在极少数的情况下，无知因素占了上风，它有可能对一方或另一方造成影响。既然争议已经发生而且必须以某种方式作出决定，由于缺少创制的规则，就只能创制某种权威，使它在事后成为规则。总得有人败诉，这是生活游戏的一部分。

因缺乏先见之明，我们就得付出无数的代价。毫无疑问，理想的制度是存在一部灵活而非常详尽的法典，为可以设想的每个情形提供公正、适当的规则。但是，生活太过于复杂了，以至于在人类能力的范围内无法实现这一理想。我们必须承认这样的事实，惹尼说，[1] 促成一部制定法的这一意志，“只能扩展到具体事实非常狭小和非常有限的范围。一部制定法几乎总是只有一种单一的观点。历史证明，只有当明确的权力滥用自我暴露出来并且通过该滥用引发舆情时，立法才进行干预。在立法者介入时，就是要以非常清晰、明确的方式对该事实做了结，并作出决定。而且，为了达成其目标，他认为比较恰当的方式是沿着一般观念和抽象公式的道路前进，在他的心目中，他宣称的原则的价值在于提供一些标准，用于对付他努力摧毁的邪恶和由这些邪恶引起的类似情况。对于从这些原则中演绎出的其他逻辑推论，立法者并没有怀疑。如果立法者能预见到，他就会毫不犹豫地废除一些或很多的逻辑推论。在将这些推论神圣化时，没有人可以宣称是遵循他自己的意志或听从自己的判断。因此，人们所能做的是，提出一种单独的和独立于创造它的意志的原则，将它转化为一种新的存在物（entity），该存在物反过来又自我发展，并赋予该原则独立的生命，而不考虑或更经常地不顾立法者的意志。”这是一位法国法学家在探讨以法典为基础的法律制度时所说的话。这种制度中不可避免会出现

[1] *Op. cit.*, preface, p. xvi.

的漏洞，至少在同等程度上，在因诉讼当事人的争议而随意建立起的判例法制度中也是无法避免的。[1] 在每个制度中，直到活动结束之后，行为的规则才会出现，这时就出现了困难。这是人类智力局限性的一个后果，是对立法者和法官无限预见性的一个否定。但如我所说的，事实是，即使对规则无知，由无知来决定规则的案件是极其罕见的。更为常见的是，因某事引发的争议，总会以某种方式发生。汽车制造时，车轮有故障。问题是生产商是否对买方之外的其他人负有检查的义务。[2] 因该故障而受到损害的汽车乘坐人向法院提出一种主张，生产商提出另一种主张。无论是哪一方获胜，如果事先就知道规则，作出不同行为的机会就会很小。生产商不会对他说，“我不会检查这些车辆，因为我没有这个义务”。不可否认的是，这是他的义务，至少是针对直接买方而言。无论如何，不法行为已经发生。问题在于，在多大程度上，应当对侵权人施加不利的后果。

因此，我认为，在绝大多数的案件中，法官制定的法律的溯及既往效力，或者没有遇到困难，或者只在缺乏公开宣布的规则时遇到不可避免的困难。我认为，重要的是，如果感觉到困难太大或是不必要的，就应当拒绝溯及既往。以终审法院宣告制定法无效、然后推翻自己认定、宣告其有效的案件为例。

---

〔1〕 Pollack, “Essays in Jurisprudence and Ethics; The Science of Case Law”, p. 241.

〔2〕 Mac Pherson v. Buick Motor Co., 217 N. Y. 382.

在此期间的交易受第一个判决支配。在该判决被推翻时，交易的效力如何？多数具有现实主义精神的法院认定，制定法的适用在这一期间被中止了。[1] 该判决很难与抽象的教义和定义相符。法院做的很多其他工作是具有追溯效力的。为什么要在这里划定界限？我认为，答案是，之所以在这里划定界限，是因为拒绝划定界限的不公正和压迫性是如此之大，以至于无法忍受它。对于信任某些下级法院判决书的人，我们不会去帮助他摆脱困境。[2] 在他的案件中，判断错误的概率只是生活游戏中的一个正当的风险，这种风险与对权利或义务的任何其他错误认识的风险在程度上并无不同。他知道自己要冒险，会面临通常可以避免的风险。人们感觉到，终审法院的判决基于不同的理由。我不确定的是，能否对制定法效力的变更决定和制定法的含义或适用的变更决定[3]、甚至是普通法规则的含义或适用[4]——作出充分的区分。我不打算说，在何处能找到区分点。但是，我确定的是，无论区分点在哪里，它既不适用法官创制法性质的形而上学概念，也不适用某些执拗信条的神物（例如

---

[1] Harris v. Jex, 55 N. Y. 421; Gelpcke v. Dubuque, 1 Wall. 125; Holmes, J., in Kuhn v. Fairmout Coal Co., 215 U. S. 349, 371; 29 Harvard L. R. 80, 103; Danchey Co. V. Farmy, 105 Misc. 470; Freeman, "Retroactive Operation of Decisions", 18 Columbia L. R. p. 230; Gray, *supra*, secs. 547, 548; Carpenter, "Court Decisions and the Common Law", 17 Columbia L. R. 593.

[2] Evans v. Supreme Council, 233 N. Y. 497, 503.

[3] Douglass v. County of Pike, 101 U. S. 677.

[4] 转引自 Wigmore, "The Judicial Function", Preface to 9 Modern Legal Philosophy Series, pp. xxxvii, xxxviii.

政府权力的划分[1]，而是基于便利、实用和最深层的正义感的考虑。

如今，存在关于忠于先例规则是否应当被完全抛弃的大量讨论。[2] 我自己不会这么极端。我认为，忠于先例应当是规则，而不是例外。我曾有机会详述支持它的某些原因。对于这些原因，我想增加一点：如果在每个案件中，每个以往的判决都可以重新处理，并且法官不能将其做法建立在安全的基础上（该做法是由在他之前的其他人设定的），则法官的工作量会增加到极限。或许我自己所在的法院倾向于强调这一信念。我们有十位法官，每次有七位法官参加审判。当争议的问题僵持不下时，如果是第一次对其进行审理，这周以这种方式作出判决，下周可能会以另一种方式作出判决。每周法院组成人员的变化都会带来决定性的变化，这种情况就是无法容忍的。在这种情况下，我们就只能坚持上周我们法官同胞的错误，而无论我们是否认同（relish）这些错误。但是，我准备承认，尽管不应当抛弃忠于先例的规则，但应当在某种程度上对它进行缓和。我认为，在经过经验的正式检验之后，一条规则被认为与正义感或社会福利不一致，就应毫不犹豫且坦率地进行宣布并完全抛弃该规

〔1〕 Laski, "Authority in the Modern State", pp. 70, 71; Green, "Separation of Governmental Powers", 29 Yale L. J. 371.

〔2〕 "Rule and Discretion in the Administration of Justice", 33 Harvard L. R. 972; 29 Yale L. J. 909; 34 Harvard L. R. 74; 9 Modern Legal Philosophy Series, Preface, p. xxxvi.

则。在宪法领域，我们有时不得不这么做。[1] 或许我们在私法领域要更经常地这样做，因为在这一领域对社会效用的考虑不是那么咄咄逼人和显著。如果不能合理地认为被抛弃的规则可能决定诉讼当事人的行为时，尤其是在起源上它是制度或条件的产物，而该制度或条件获得新的重要性或者经历了多年的发展，那么就应迅速放弃无法维持的立场。在这种情况下，惠勒法官在德维诉康涅狄格公司案（Dwy v. Connecticut Co., 89 Conn. 74, 99）中阐述了处理问题的基调和时代特征（temper）："最大限度为法律提供服务的法院承认，从遥远的某一代人那里发展而来的法律规则，经过充分的经验的检验，被认为对下一代人是糟糕的。当法院依据社会既有的和已确立的判决发现另一条规则体现了应然规则，并且对旧规则的信赖不存在相当大的财产利益，法院就会抛弃旧规则。因此，伟大的普通法作者发现了普通法发展的渊源和方法，并在其发展中发现它的状态和活力。法律不是也不应是静止的。不应将这种性质的变化留给立法者。如果法官错误地解释了他们所处时代的习俗，或者他们那个时代的习俗不是我们时代的习俗，他们就不应当以无助、顺从的方式来束缚他们的后继者的手脚。"

为了使我的意思更加清楚，让我举一两个例子。我暂时以它们为例，不确定它们是否恰当。但是，它们将是有帮助的。

---

[1] Klein v. Maravelas, 219 N. Y. 383.

例子可以被拒绝，但原则是不变的。

普通法的一个原则是，如果主债务人和债权人没有经过保证人的同意通过合同延长付款期限，则保证人的责任就被解除。即使延长一天，也足以导致这一结果。[1] 如果没有这一延期，保证人将有权在债务到期时向债权人付款，并要求直接取得后者针对主债务人提出的救济代位权。因此，对付款到期日的延长，导致权利被推迟，保证人被视为遭受了损害。我毫不怀疑这一规则的适用是正当的：在保证人能证明这种延期导致实际的损害时，例如主债务人在此期间无清偿能力或担保价值受到了损害，即使在这种情况下，按照公平的原则，责任免除程度应当根据受到的损失来决定。如果保证人已经支付债务，并要求取得针对债务人的代位救济，允许债务免除或许是公平的。或许反驳不存在损害的举证责任，应当由债权人来承担。这样的限制从未得到认可。这一普通法规则适用于未履行或无法证明或伪称实际损失的情形。法院的判决是基于这一虚构的假定来塑造的：保证人在夜里可能无法入眠，担心在哪一天被追偿债务，在强迫偿还不情愿的或反复无常的债权人的压抑欲望之下，他事实上已感到心烦意乱。延长的期限已过，保证人什么都没有做，甚至没有主动地进行询问，但他被免除了责任，理由是若不是因为他完全不知道且他的行为不会受到控制的延期，他会主动、自愿地履行债务。这些规则是商业交易比较简单的

[1] N. Y. Life Ins. Co. v. Casey, 178 N. Y. 381.

那个时代的残存物：人们还不知道什么是担保公司，保证人通常是信任被滥用的慷慨的朋友，法院的主要工作似乎是找到某种可以接受的借口，让保证人退出协议。在近期的判决书中，我已经看到一些精神变化方面的迹象。[1] 我认为，我们可以问问自己，法院是否有义务做得更多，将这一法律部门建立在与现实的商业经验和生活道德更为一致的基础之上。

普通法的另一个规则是，一个虽然是在正式合同订立后作出的口头协议，对盖印合同作出的变更或免除是无效的。[2] 在印章非常重要的时代，承认神秘的庄严仪式或许有一些理由。在我们时代，例行公事的缩写 L. S. 取代了纹章工具，法律已意识到，保留一个已经逝去的时代的提示的荒谬性。[3] 口头上遵守规则，对规则作出例外，并通过区分弄得它名存实亡，法院作出了有价值的、不惹眼的努力。[4] 最近的一个案例表明，是胆怯而不是敬畏推延了这一规则的失效时间（hour of dissolution）。[5] 法律有理由对给予最后致命一击的救星表示感激。

我从实体法领域抽取了一些例子。证据法以及概括地说整个程序法学科提供了一些领域，在那里可以以更大的自由作出

[1] Wilkinson v. McKemmie, 229 U. S. 590, 593; U. S. v. McMullen, 222 U. S. 460, 468; Richardson v. County of Steuben, 226 N. Y. 13; Assets Realization Co. v. Roth, 226 N. Y. 370.

[2] McCreery v. Day, 119 N. Y, 1; 3 Williston on Contracts, secs. 1835, 1836.

[3] Harris v. Shorall, 230 N. Y. 343.

[4] McCreery v. Day, *supra*; Thomson v. Poor, 147 N. Y. 402.

[5] Harris v. Shorall, *supra*.

恰当的改变。要求涉及实体权利时遵守既有规则，这一政策因素在针对救济法问题时适用效力已经减弱。我举一个证据法的例子。一个男子因强奸被提起公诉，他的抗辩事由是女方曾表示同意。他可以证明女方在贞操方面名声败坏，但他无法证明她与另一个男子或其他男子进行具体的、尽管是反复的淫荡行为。[1] 在对这个抗辩事由的真实性进行评估时，这是审理者最希望知道的事，但受到陪审团不得考虑此类因素的不可改变的规则的制约。即使女方表明赞同的态度，对被告也没有很大的帮助，因为即使被告可以就其他的行为向她交叉询问，最后是以她的回答来决定他的命运。毫无疑问，法官对于是否准许此类证据应当行使一定的自由裁量权。如果该证据过于遥远，法官应排除它，及时准许继续进行审理，或以其他方式消除因突然袭击引起的困难。这不是现行规则的效果。证据被整个排除，并且始终被排除。事实上，某些法院采取了不同的观点，但不幸的是，它们的数量很少。在这里，就像证据法的其他领域一样，我们看到法院对于一般名声的过分依赖，将它作为确认诉讼当事人或证人人品的标准。这种信念是更加简朴时代的残存物。它在今天的小社区里或许还有一些正当性。可能至今它在一些农村地区仍然具有正当性。但在大城市的生活中，它使品格证据成为一场闹剧。在这里，就像很多其他的程序法部门一样，现实主义的精神应当在当前规则和当前需求之间带来一种

〔1〕 People v. Carey, 223 N. Y. 519.

和谐。

但是，遵循先例规则在美国的适用不像英国那样僵化，而且我认为，在我们这里它的僵化减弱了。英国上议院坚持认为，自己完全受到其先前的判决的约束。[1] 美国最高法院和几个州的最高法院在发现有明显错误时曾推翻它们自己的判决。[2] 波洛克在四十多年前写过一篇题为《判例法的科学性》的论文，提到推翻判决的自由，暗示法律是有争议的问题（a matter of individual opinion）。[3] 自从那以后，这一倾向就增长起来了。在联邦法院近期的一个判决书里，我们可以发现一个极端的例子。[4] 原告起诉汽车生产商，要求赔偿因汽车有缺陷而造成人身伤害的损失。在第一次审判时原告获得了法官的裁决，第二巡回区上诉法院作出改判，理由是生产商对原告（即汽车乘坐人）不负有义务，因为后者不是该车的原始购买人，他是从他人处购买该汽车。[5] 在第二次审判时，法官遵从这一裁定驳回起诉。通过再审令，该案件再次提交到上诉法院。在这期间，纽约州上诉法院在一个针对生产商的案件中认定生产商负有义

---

〔1〕 Gray, *supra*, sec. 462; Salmond, "Jurisprudence", p. 164, sec. 64; Pound, "Juristic Science and the Law", 31 Harvard L. R. 1053; London Street Tramways Co. V. London County Council, 1898, A. C. 375, 379.

〔2〕 Pollock, "First Book of Jurisprudence", pp. 319, 320; Gray, "Judicial Precedents", 9 Harvard L. R. 27, 40.

〔3〕 "Essays in Jurisprudence and Ethics", p. 245.

〔4〕 Johnson v. Cadillac Motor Co., 261 Fed. Rep. 878.

〔5〕 221 Fed. Rep. 801.

务，而不考虑合同的相对性。[1] 联邦法院遵循这一判决，推翻自己之前的判决，并对根据其指示作出的驳回诉讼的判决（the judgment of dismissal）作出改判。在该案中，判决第一次被推翻是因为起诉没有被驳回，第二次判决被推翻是因为基于同样的证据起诉被驳回，被告可能对司法过程的本质有自己的看法。我不想说，在该条件下偏离遵守先例原则是否是正当的。一位持异议意见的法官认为，就像既判力规则一样，应当以早期的判决作为案件的法律，而无论它是否正确。该法院的多数法官的结论是有意思的——将它作为使先例受制于正义这种精神或倾向方面的证明，而无论它是否正确。我们时代的律师和法官面临的一个重大问题是，如何对这种不断增长的、总的来说是整体的倾向同法律的一致性和确定性需求加以协调。在这里，就像在其他的法律领域一样，我们应当摸索前进。在对以往的崇拜和现在的赞美之间的某处，我们会找到一条安全的道路。

我认为，对司法方法的考察带给我们的教诲是，与在没有该分析帮助下我们多数人所惯常认为的不同，整个法理学内容更加具有可塑性，更加具有延展性，模子并不那么确定，权利和不法行为的边界并不是预先决定的和恒定不变的。我们喜欢将法律想象成一个可以准确描绘和绘制的领域。我们画几条线，在我们使它们变得模糊不清之前，它们很难消失（hardly

[1] MacPerson v. Buick Mfg. Co., 217 N. Y. 382.

down)。就像区分时间和空间一样，这里也是如此。我们是基于便利而进行区分，并将其作为工作假设。我们越来越倾向于认识到，几乎不存在理解事实的规则，主要是有一些标准和程度。我是否具有过失，这是一个程度方面的问题。在使用自己的土地时，我是否造成了一种我的邻居可以请求终止的妨害，这也是一个程度方面的问题。对我的财产进行征收并对我的行为进行限制的法律，是否不当地损害了我的自由，这还是一个程度方面的问题。因此，法官的义务本身也是一个程度方面的问题，他是有帮助的法官还是糟糕的法官，就取决于他是否对该程度作出精确的判断。法官必须平衡所有的因素：哲学、逻辑、类比、历史、习惯、正确感和其他的因素，在这里增加一点，在那里拿掉一点，他必须尽可能明智地确定哪一种因素起决定性作用。如果这看起来是无力的、没有定论的总结，我不太确定是否是我的过错。我知道，法官是一个明智的药剂师，能将这样一般的配方调制成恰当的药方。但是，对于提出规范艺术实践的一些原则的多数尝试，可能会受到类似的批评。W. 杰思罗·布朗在最近一篇关于《法律与进化》[1] 的论文中提示我们："乔舒亚·雷诺阿爵士关于绘画的书籍，对那些希望成为著名画家的人只能提供极少的指导甚至并不能提供指导。一般说来，关于文学风格（literary styles）的书籍非常缺乏实用性。"在完成乏味的分析过程之后，每位法官必须自己作出新的综合。

---

〔1〕 29 Yale L. J. 394, 397.

他可能最希望获得的是，经过长期的思考和学习，经过多年的律师或法官实践，在被使命选中从事法官职业的这一精神信仰（inward grace）的帮助下，这种分析或许在一定程度上有助于使综合成为一个真正的综合。

也许我所说的、使我投入更多的是案件的背景和隐藏部分（the shadow），在这些案件中，争议的不是法律规则，而是将法律规则适用于事实。毕竟，这些案件构成了法院的大部分工作。对于案件的相关诉讼当事人而言，它们是重要的。这些案件要求那些必须作出裁决的法官有智慧、有耐心以及有合理的洞察力。但这些案件不触及原先的法理。如我在讲座开始所说的，这一司法过程，当适用于这些案件时，是一个查找和比较的过程。我们必须对那些只是静态的先例和那些动态的先例进行区分。[1] 由于前者超过后者很多倍，对几乎完全只关心创造性因素或动态因素的司法程序的概述，很可能在法律的不确定性和法官的自由裁量权方面给人造成错觉，或给人一个言过其实的图景（an overcolored picture）。在提交到我所在法院的案件中，我认为，大部分案件不能基于理性的外观而在任何情况下只能以一种方式来裁决。法律和它的适用同样是清楚的。可以说，此类案件事先注定是要维持原判的。在其他相当大比例的案件中，法律规则是确定的，只有规则的适用是不确定的。为了确定某一特定情形是否属于是非图（the chart of rights and wrongs）

〔1〕 Cf. Salmond, “Jurisprudence”, p. 160.

的某个区域，要仔细研究复杂的记录，要对证人多少相互矛盾的、难懂的描述作出分析。知道他走的路与铁路发生交叉的旅行者应当留意（look for）正在飞驰而来的火车。这至少是一般规则。在不计其数的诉讼中，应当对描述的全景进行研究，以确定视线是否被挡住了，是否某个作为或不作为使旅行者放松了警惕。这些案件和其他类似案件通常引发法官的不同意见，然而，无论结果为何，其法理是不变的。最后，还有一部分案件，其比例实际上不大但又不是可以忽略不计的。在这些案件中，一种结果或另一种结果对将来具有重要作用，它们或多或少地会促进或阻碍法律的发展。这是司法过程中原创性因素获得机遇和力量的案件。我自己主要关心的、向你们所说的正是这些案件。在某种意义上，很多的案件的确可以以任一种方式来判决。我的意思是，对于每一种结论，都可以找到有道理的、相当有说服力的理由。这里涉及判决的衡量，是对类推、逻辑、效用以及公平考虑因素的分类和检验，这是我一直试图描述的。在这里，法官承担着立法者的职能。在我刚刚担任法官的前几年，我在精神上感到极为烦恼，因为我对即将开始的旅程的方向茫然不知。我寻找确定性。当我发现对它的追求是徒劳的，我感到压抑和沮丧。我试图抵达陆地——一个由固定和确定的规则组成的坚实的陆地，抵达正义的天堂，在那里司法以一种比我自己动摇不定的心灵和良知中苍白、微弱的沉思更明显和更威严的方式宣告自身。我发现“跟随布朗宁[1]在《帕拉塞尔萨斯》中的航行者，总是无法抵达真正的天堂”。[2] 随着岁月的流逝，当我越来越多地思考司法过程的本质，我已经接受这种不确定性，因为我已逐渐明白，它是不可避免的。我已逐渐明白，司法过程的最高境界（完全实现）不是发现，而是创造。怀疑和担忧、希望和恐惧是心灵煎熬的一部分，是生死之痛，在这里面，服务于它们那个时代的原则死亡，新的原则诞生。

我已经谈到法官公开地用来塑造判决的形式和内容的因素。即使法官对这些因素很少是完全有意识的，然而，它们如此接近表层，以至于无法公开否认它们的存在和影响。然而，这一话题并不随着对力量的承认而结束。在意识的深层下面是其他的因素，喜欢或厌恶，偏好或偏见，以及杂糅了直觉、情感、习惯和确信的复合体，这些因素使人成为具体的人，无论他是诉讼当事人还是法官。我希望我能找到时间和机会对这一问题做进一步的研究。就像现在，我所能做的是向你们提示它的存在。[3] 关于这一主题的很多讨论，缺少某种坦诚，或是拒绝对其进行讨论，就像是指出法官受制于人的局限性，就会让法官丧失尊敬和自信。我并不怀疑，在消除令人不安的和偏离的因

---

〔1〕 罗伯特·布朗宁（Robert Browning），英国诗人和剧作家，出版有诗集《帕拉塞尔萨斯》《男人和女人》《戏剧人物》《环与书》。——译者注

〔2〕 G. Lowes Dickinson, “Religion and Immortality”, p. 70.

〔3〕 在这些讲座稿写成之后，关于这一主题的一项有趣研究，可见一部出版的书：James Mickel Williams, *The Foundations of Social Science*, p. 209 *et seq.*

素之后，堂皇的概念可以将他们带到纯粹理性的王国。但是，如果我对司法过程的分析具有某种现实性，法官并非不食人间烟火（they do not stand aloof on these chill and distant heights）。如果我们的行动或说话都认为法官不食人间烟火，那么它对于认识真实情况帮助不大（not help the cause of truth）。吞没其他人的巨大潮流和洪流不会在进程中偏离自己的方向，并绕开法官。我们喜欢自我想象，正义的程序是客观的、不近人情的。法律被想象成一种真实的存在，独自生存，通过祭司和大臣们的声音说出他们无法选择的话语。这就是每种法理学体系都趋向的客观真理的理想。它是一些伟大的国际法专家和法官都说过的、可以实现的理想。“国家的法官”，孟德斯鸠说，“无非只是法律的代言人而已，他们对法律无能为力，既不能削弱其力量，也不能减轻其严峻。”[1] 因此，马歇尔在奥斯本诉合众国银行案（Osborne v. Bank of the United States，9 Wheat，738，866）中说，司法部门“在任何案件中都没有自己的意志……司法权力的行使从来不是为了赋予法官意志以效力，而始终是赋予立法者意志以效力，或者换句话说，是赋予法律意志以效力”。它语调高尚、表述精致，但它只有部分是正确的。马歇尔自己的职业生涯就是一个显著的例子，它说明了这一理想是人类鞭长莫

---

〔1〕 Montesquieu，“Esprit des Lois”，LIV，XI，chap. VI，quoted by Ehrlich，“Die juristiche Logik”，p. 101；Gény：*op. cit.*，p. 76，Cf. Flavius，*supra*，p. 40. 这里参照了许明龙译本，见［法］孟德斯鸠：《论法的精神》，许明龙译，商务印书馆 2012 年版，第 193 页。——译者注

及的事实。他在美国宪法留下了自己的思想印记，我们宪法的形式之所以是现在的样子，是因为马歇尔在宪法仍然具有可塑性和延展性时凭着自己强烈的信念塑造了它。在另一个极端的是法国法学家萨莱耶在他的专著《论法律人格》（de la personnalite juridique）中的话：[1] “人们先是想到结果，然后发现原则，这是所有司法解释的起源。毫无疑问，一旦被认可，这种解释就以不同内容出现在整个法律学说中。这些因素是颠倒的。原则似乎是初始的原因，人们从它得出结果，却发现是从原则演绎出来的。”我不打算将这种情况解释得这么宽泛。这一宽泛的表述夸大了自由意志的因素。它忽略了决定论因素，这些因素在狭窄的限度内约束和限制自由选择的范围。尽管如此，正是由于过度强调自由意志，它提供了无法实现的客观性理想所需的校正。更接近事实、并处于这两个极端中间的是这样一个人的话，尽管他不是法学家，但他的直觉和感知是深刻的、睿智的，即罗斯福总统于 1908 年 12 月 8 日向美国国会发表国情咨文中的话：[2] “我们国家的主要立法者可能是、并且通常是法官，因为他们是最终的权威。在每次解释合同、财产、既得权利、法律的正当程序和自由时，他们必然地会将部分的社会哲学体系植入法律，并且，这种解释是根本性的，他们为所有的立法提供指导。法院对经济和社会问题的裁决取决于他们的经

[1] Pp. 45, 46.

[2] 43 Congressional Record, part I, p. 21.

济哲学和社会哲学。在二十世纪期间，为了我们人民的和平进步，我们应当对坚持二十世纪经济哲学和社会哲学的那些法官表示最大的感谢，他们坚持的不是早已过时的、自身是原始经济条件的产物的哲学。”

我记得当年这一表述在作出时引发了猛烈的批评。批评家说，它表现出对司法过程的本质的无知。批评家告诉我们，法官的工作是发现客观的事实。法官自己微不足道的个性，他的零散的、不协调的哲学，随同他的所有弱点和潜意识的偏见，应当被抛弃和遗忘。法官对永恒真理（external verities）的解读与人们有什么关系呢？它不值得记录。人类寻求的是永恒真理本身。我不是否认这实际上是我们所有人奋斗的目标。对于被召唤去履行影响法律发展职责的法官，他经常会想到帕斯卡的自我探索和自责精神。正是表现出更好的自我这一不抱偏见的和有余地的机会，似乎对法官作出贬低性和鄙视性的公开指责。在这些向前发展的重要活动中，我是谁？在各种力量的冲撞下，我那微不足道的个性（petty personality）应当对它们有细微的偏离吗？为什么纯粹真理观（the pure light of truth）应当被摧毁，并受到我内心因素（element of my being）的影响？这样的疑问和犹豫偶尔会让人感到困扰。然而，事实是，所有这些内部的质疑来自这样的希望和愿望，即超越阻碍我们人性的那些局限性。罗斯福了解人，对于这一点没有什么幻想。他不是在提出一种理想。他不是在确定一个目标。他是在评估参与比赛的人的能力和耐力。作为法官，我的职责是，不是使我自己的追求、信念和哲学在法律上客观化，而是使我的同代人的追求、信念和哲学在法律上客观化。如果我自己的同情心、信仰和激情停留在过去的时代，我就很难将这一工作做好。“在任何司法解释体系中，我们永远不能自以为我们完全消除了解释者的个人标准。在道德科学中，不存在完全取代主观理性的方法或程序。”[1] 如果我们愿意，我们可以将法官的工作理解为翻译员的工作，对给定的外部标志和符号进行解读。但是，除非翻译员已经领会他不得不解读的语言的精神，并且自己心中充满爱，我们就不会让他着手这项工作。

因此，我对这一原则并无争执，即法官应与他们时代的精神保持一致。可是，对这一概述的赞同并不能带我们走上真理的道路。在每个法院，对“时代精神”的判断，很可能像审判席上的法官一样多。在我认识的法官中，我没有发现任何卑鄙、粗俗或邪恶意义上的偏袒或偏见的影响的踪迹，哪怕是一丁点。但是，我每天会产生一种新的确信，独立于我们的真理和我们内心的真理存在着不可避免的关系。就如它向我们每个人所揭示的，在绝大多数的情况下，时代的精神只是某个群体的精神，在这一群体中，出生、教育、职业或友谊这些偶然因素赋予我们每个人一个位置。任何思想努力或思想革命都无法推翻，并

---

[1] Gény, *op. cit.*, vol. II, p. 93, sec. 159; vol. II, p. 142, sec. 168; also Flauius, p. 43.

且无论什么时候都无法推翻这些潜意识忠诚的绝对支配权。“我们的信仰和观点”，詹姆斯·哈维·罗宾逊说，[1]“就像我们的行为标准，作为与我们同胞交往的产物，不知不觉地来到我们身边，而不是我们个人经验和我们个人从自己的观察得出的推断结果。我们不断地被我们独特的‘理性化’才能所误导，即设计出接受我们所属群体传统所施加给我们言之成理的观点。我们在本性上是自卑的、易受欺骗的，并且本能地接受群体的意见。我们不止容易受到激动的人群或狂热的复兴者的影响，而且我们曾经总是倾听人群中最微弱的声音，准备为它的指示和警告进行辩护和正当化，并将它们作为我们自己成熟的推理结果来接受。”这并不是专门对法官的描写，而是对各个阶层的人的描写。对法官的训练，如果结合所称的司法气质，在某种程度上有助于使法官摆脱让人联想到的个人厌恶和偏见的影响。它将有助于扩大他的潜意识忠诚度所属的那个群体。只要人性还是现在的样子，这些忠诚度就不会被彻底消除。我们有时可能会好奇，所有这些个性力量的共同作用何以能得出一致性的东西，而不是混乱的和无效的东西。这时我们会夸大差异的因素。最后，会出现一个由某种形式、原理和秩序组合而成的东西。有人说过：“就像数学一样，历史被迫承担了相互平衡离心率的任务，以使它最终保持不变。”[2] 法院的工作也是如此。

---

[1] “The still small voice of the Herd”, 32 Political Science Quarterly 315.

[2] Henry Adams, “The Degradation of the Democratic Dogma”, pp. 291, 292.

法官的离心率是平衡法官相互之间的个性。一位法官从历史的角度看问题，另一位法官从哲学的角度看问题，还有一位法官从社会效用的角度看问题。一位法官是形式主义者，另一位法官是自由主义者。一位法官畏惧变化，另一位法官对现状不满。由于这些不同思想的相互摩擦，一个具有稳定性和一致性的东西会出现，它的平均值大于它的各个组成部分。这也适用于陪审团的工作。我不是暗示，这两种情况下的结果没有显露出其起源上的固有缺陷。就像每个人类制度一样，缺陷就在那里。由于它们不仅在那里而且可以看见，我们有信心它们将得到纠正。没有人可以保证，大多数人的统治是理性的完美表达，会在宪法或制定法中得到体现。对于它在法院的判决中的体现，我们不应有太多的期待。潮涨潮落，错误灰飞烟灭（the sands of error crumble）。

在某种意义上，法官的工作是持久的，在另一种意义上，则是短暂的。好的东西会持久，错误的东西肯定会死亡。好的东西仍然是将建成的新结构的基础。错误的东西在岁月的实验室中将被抛弃。旧的原理渐渐地被摧毁。通常，这种侵蚀是如此平缓，以至于它们的重要性起初是模糊不清的。最后，我们发现风景的轮廓已经发生改变，旧的地图应当被丢弃，新的地图被重新绘制。这个过程，虽然是无声无息的却带着不可避免的力量，被亨德森先生以独特、恰当的语言进行了描述：[1]"当一个具有信仰系统的信徒持续地与各种影响进行接触，并被暴露在与其信仰不一致的欲望之下，可能会发生一个无意识的思考过程，从而可能积累越来越多的敌对心理倾向，强烈地推动作出行动和决定，但它很少清晰地出现在意识中。与此同时，由于习惯的力量，旧的信仰信条得到保留和重复，直到有一天，行为、同情和根本愿望与逻辑框架是如此不一致，以至于它必须被抛弃。然后开始一个建构新信仰和使之合理化的任务。"

法律的发展经历了数世纪，永远在形成过程中的是这种新的信仰，它默默地、坚定地消除我们的错误和反常做法（eccentricities）。我有时想，对于我们的错误造成的长期后果，我们太过于担心了。它们可能在某段时间产生一些混乱。但是，它们最终会被修改或纠正，或者它们的劝诫被忽略。未来自身会处理这些问题。在无数的检验和再检验的过程中，会不断地抛弃糟粕，会不断地保留纯粹的、合理的和美好的东西。

先生们，未来是属于你们的。在一个无穷无尽的过程中，我们被召唤去完成我们自己的那部分工作。在我死之后，我自己的那一小部分工作将被遗忘，你们将完成你们的那部分，并将火炬向前传递。我确信，当火炬在你们手中时，火焰将熊熊燃烧。

---

[1] "Foreign Corporations in American Constitutional Law", p. 164; Cf. Powell, "The Changing Law of Foreign Corporations", 33 Pol. Science Quarterly, p. 569.

附录一

本杰明·内森·卡多佐[1]

里昂·格林[2]

本杰明·内森·卡多佐在当代史上是一个个性十足的人，难以用寥寥数语来概括。在他的身上，能找到法律人对其职业所宣称的理想，并且外行人也会予以认可。他不属于任何阶层、种族或时代，也不属于人类自我划分的任何流派。无论他们的分歧为何，所有人都声称卡多佐是他的。卡多佐综合了全能法官的所有品质。

卡多佐经得起推敲。他看似简单的性格实际上融合了复杂的品质。他的一致使得任何清单都显得多余。例如，他的真诚和勇气是无法比拟的，而它们与机智、学识和优雅的表达混合得如此精妙，以至于没有人注意到它们。我认为，很少有人面

---

〔1〕 Leon Green, *Benjamin Nathan Cardozo*, 33 Illinois Law Review 123 (1938)，为作者在美国全国律师协会芝加哥会议上的发言。

〔2〕 里昂·格林（1888-1979），美国现实主义法学学者，在侵权法领域卓有成就，著有《近因原理》《法官和陪审员》，曾担任美国西北大学法学院院长。——译者注

临这么多的情况，只要一点点的奉承，就能有效地扫除障碍；只要一个小小的恭维，就可以成功地避免冲突。但是，没有人认为卡多佐会面临这样的诱惑。他不需要抗争或举着正义的旗帜就能坚守阵地。在他进行争论时，他不需要辩解，他求助权威时，不是作为路障，而是为了更好地标出道路。策略是为那些无法成功选择其职务的人准备的，精明是为那些不能充分相信直率的人准备的。没有瑕疵的诚实和没有炫耀的勇气，扫除了他所在时代最为能干的律师的阻力，赋予他在整个国家司法上的支配性地位。

极少有法官没有经历他们时代的重要活动。他的司法判决涵盖整个人类事务，每个领域他都得熟练掌握。他理解与生活有关的问题，而不必过多地介入它们。他通过浸泡在文学、历史和科学的宝库来学习。无论案件多么复杂，他总会调整自己的思维，将书面话语转化为人的行动。法律记录在他看来就像是生活剧。诉讼当事人、证人和律师在他思想的剧院里扮演各自的角色，与真实生活一样生动。他理解他们的行为，故能对他们的问题作出令人满意的判决。

与诚实、勇气、学识和理解相伴随的是克制。在非正式的关系中，它表现为迷人的谦逊。作为法官群体的一员，他特别地考虑和容忍他的同事的想法和感受。作为司法官员，他由衷地尊重立法机关和执法部门的职责，充分认识到民主对法官所加的限制。他的责任越多，就越少做作。人们给他的荣誉越多，他的心灵就越平和。他履行法官的职责，这足以让他获得罕见的职业上的和民众的尊重。

有些人将卡多佐称为自由主义者。他是自由主义者，但他的同代人很少有人像他做得这么多，来维护已逝世的大师们的理念。他的世界不是由时间、变化或进步来衡量的，也不是由原则来衡量的。毋宁是，它是由秩序和正义（一个充满活力的社会的秩序和正义）来衡量的，秩序和正义始终核对着它们的方向和方法。他对于解决具体问题的兴趣，要远远多于创立一项规则的兴趣。他对思想分化感到担忧，并通过司法程序将它溶解。没有其他的法官像他这样留下这么少的具体公式。他对重大案件作出裁决，改变了司法判决的方向，却没有留下任何模式。他突破其他法官所创设的障碍，却没有留下任何障碍让其他法官去突破。他寻找适合新的事实和新的判决的宽广领域。凭借充分的理智，他保留了法官满足正义要求的权力，并尽可能少地使先前的判决陷入为难的境地。他信任未来法官的智慧，要远远多于为控制他们的判决而设计的任何方法。他终止了限制民主机构正常发展的陈旧形式，以保留这些机构的活力。在他的身上，我们可以发现他在整个法律中所感知到的矛盾类型，即伟大的自由主义者和伟大的保守主义者两者合二为一。

卡多佐具有所有这些优良的品质，他惊人地注重实际。法律界从未培养出如此精通法律技艺的大师。他知道法律的原则和程式，而且他理解它们的用途。没有律师能通过法律公式的力量将卡多佐的判决固定住。他能逃脱法律工匠所打出的最牢固的结。反过来，他能打这样难的结，以至于最固执的对手向他俯首称臣。但对他而言，技术并不是法律思想的终结，它只是一种手段，将诉讼当事人的问题调整为与人类社会更为重要的目的相一致。对他而言，先例、财产、自由、法律以及其他重要的政府理念清晰地表达了时间的智慧，对要判决的具体的问题进行平衡，但他的法院从未使用这些理念去从事不公正的行为，去反对它们打算服务的那些人。当他停滞不前时，那是因为作出最终判决的时机还没到。法官的智慧不能太过于超前。

卡多佐最独特的品质是他优雅的表达。他的表达就像是向音乐注入了思想，具有永恒而普遍的魅力。它具有类似声音和笔端的流传效果。他激起无数学生尊崇法律的精神。在他创造性的技艺下，最无聊的案件也是公道的且带有章法。他的措词是带有感情色彩的，他的句子和段落是以不重要的争议之外的价值来衡量的。他满足人们的想法。当他完成时，没有什么东西可以补充的。如果你愿意，试着告诉一群法科学生卡多佐在这个或那个案件中表示赞同，每个为他辩护的人都会变得雄辩。没有其他美国法官的书面文字这么尊崇法律，并给予这么多人令人满意的正义感。卡多佐的精神对我们时代的法律具有最大的影响。

他最后的作品，就如同一个非同寻常的案件，是他最伟大的作品。他的职业没有低谷期。高潮即结束。作为领军人物，他来自一个伟大的法院，又去了另一个伟大的法院，成为该法院的少数派成员。法院在民主政府中的地位是一个重要的问题，牵涉的是半个世纪不受限制的优势所支持的司法至上。法官的激情超出控制的范围。他们的恐惧没有界限，他们的推理变得令人发怒。四年的风风雨雨。[1] 在理智再次盛行时，法院就在霍姆斯、布兰代斯、斯通和卡多佐所描绘的轨道上运行。少数人的声音变成多数人的声音。紧急案件的判决，现在由这位最为脆弱的成员以安静、流畅的方式来宣告。这个伟大的法院再次以支持民主的方式来运行。卡多佐完成了他的任务。

[1] 此处采用意译，原文为“Four years of temper and tempest”，可能指卡多佐在纽约上诉法院担任四年首席法官的经历。——译者注

附录二

司法过程的本质[1]

勒尼德·汉德[2]

卡多佐法官在这本书里尝试探讨一个问题，一个自从人类开始思考法律的意义以来就吸引人类思想的问题。特别是，英语国家的法官的观点呈现出一种明显的矛盾，这种矛盾总是使那些具有推断倾向的人感到不安。这样的法官的主张是或至少曾经是，法官对早已存在的法律进行宣示，他只是法律的喉舌。他的判决是三段论的结论，其中的大前提是从固定和可确定的法律规则中得来的。可想而知的是，如果投入适当认定的事实，一台足够复杂的机器就可能自动地作出这样的判决。但整个普通法的结构明显否定这种理论。普通法是一座缓缓竖立起的纪念碑，就像从过往每个珊瑚细微增长而来的珊瑚礁，每个法官

---

〔1〕 Learned Hand, *The Nature of the Judicial Process*, 35 Harvard Law Review 479 (1921).

〔2〕 勒尼德·汉德，美国著名法官，曾担任美国联邦第二巡回区上诉法院首席法官，著有《自由的精神》。——译者注

的工作都建立在他的前任者的基础之上，而反过来他又打下基础，让后继者可以在这个基础上进行工作。

最近，我们变得更加有自我意识，而不再满足于拟制，像卡多佐法官这样坦诚的人不会容忍信守承诺而又期望因某事发生而违约（break it to the hope）这些含糊其词。因此，尽管他很清楚对法官的自由所施加的限制，他比他同时代的很多人更敏锐地认识到他必须负责任地作出选择的范围。他的论文告诉我们可以适当纳入法官考虑范围的不同因素。他必须忠于过去，因为他是过去的继承者，但又不要太忠实。他必须记住，他制定的是普遍适用的规则，对他而言一致性是珍视之物，但首先他必须记住，他是他所处时代的牧师，是含糊其辞的遗嘱的解释者，只是部分地接受过去的遗嘱，对它的接受不超过当前还没意识到要拒绝的部分。

对这些因素作出定量评价是不可能的，好的法官是艺术家，或者更像一名厨师。在他的菜肴中，他加入这种或那种原料，以使得整个菜调制为他的客人味觉上认为是美味的混合物，或无论如何是可以接受的混合物。对他成功与否的检验，是他的手艺被普遍接受的程度。不存在这种技艺或任何其他技艺的手册。最终是一个或多或少的问题，司法的职责就存在于各种社会问题的缝隙之中。

拥有与卡多佐法官一样地位的法官应当公开承认，自己的工作方式本身是一个异常之物，尽管事实上他处理案件的方法可能与他之前的法官的方法没有明显的不同。实际上，他分析的不只是他自己的思想，而是所有法官裁决案件的方法。但了解它如何运作的自我审视和公开宣称它的坦诚，在这样的高位上是少见的。我们的精英向我们保证，我们的时代是法律发生变化的时代，需要改变法律，是一个含苞欲放和绽放的时代。如果他们是对的——而且我们有谁会质疑他们呢——法律的发展是刻意的，这是前所未有的。迪莫斯[1]是如何接受它的，这是另一个问题。迄今为止，法官温顺的、虚情假意的抗议使他平静下来。如果他们承认自己不全都是“富有才智的人”（mind）但一样有“决心”（will），他会从愤怒中醒来吗？可能不会，大多数的法官比卡多佐法官更虚伪，而且不那么真诚。

我们天生是有信仰的，我们在摇篮中口齿不清时就学习我们的政府是一个法治政府，而不是人治政府。不久前，新的理论如雷电般打破平静，并对可能还在动摇不定的我们进行安抚。实际上，基于这种理论假设推出的是，救济令状是一项根本的权利，宪法禁止对它的任何试验。我必须承认，按照这一标准，这本书看起来不是正统的。对于这么多的主观性，会有流言蜚语。霍姆斯法官先生在某处说，律师的问题是心理问题。他必须找到法官个人的方程式，所有可能影响法官的因素的复合物（它产生于弗洛伊德之前的时代），他的辩证倾向、他的学识、他对过去的尊重、他对现状的顺从、他的传统信仰、他的个人

[1] 原文为Demos，指古希腊城邦民众。——译者注

习惯。就像人要研究宠物老虎的倾向，这是一个有兴趣却是危险的爱好，就像生活一样。他必须预料到所有有知觉动物的基本生物学倾向。他必须知道猫科动物的能力和限度。他必须自己熟悉食肉型哺乳动物习得的本能反应，但其中最主要的是他最好了解那只老虎的癖好。

我认为，如果所有这一切都是真的，法律，作为具体判决书总和的最大公约数，在某种程度上必须保留一种人性的温度，让它有些反常地放在马萨诸塞州宪法所赋予它的高度之上。法律实际上不是这一代人的创造，那些这样认为的人在它那里没有适当的地位。但是，这一代人很少是单性繁殖的（parthenogenetic），而要有人性，就不只是有个性。然而，在考虑所有因素之后，总会有优秀的人情不自禁地认为，本书的论调在某种程度上是异端邪说。知道这些会让他们更加感到不安：这本书来自一位被法律人公认为出类拔萃的法官，他温和纯洁的性格、富有洞察力和柔韧度的思想、他的学识以及他对所在时代的同情性理解，让他无论在哪里都能收获无与伦比的尊重。知道所有这些会让他们感到不安，而且他们感到不安是对的。当布鲁特斯[1]发动袭击时，我们最好将托加袍裹在头上，并让我们的精神屈服于黑暗。当然，可以通过妥协、通过停止探索外部原则的最高点来逃避，但他们不愿意为了机会主义而掩盖在坦率

[1] 马可斯·布鲁特斯（公元前85年—公元前42年），晚期罗马共和国元老院议员，以参与刺杀恺撒而出名。——译者注

的情感之下的篡位，而放弃其祖先们留给他们的真理。这些真理经过经验熔炉的检验，经过死者伟大的双手的打磨。它也不会安抚这些忠诚的灵魂，指出所有其他机构的偶然的起源，或者让他们窥视丑恶的、甚至是在伟大和善良的外表之下涌动的暗流。但改变信仰对于我们所有人都是开放的，也许这本书将成为反省的入门书，甚至通过它可以找到进入正义之门的路。

附录三

重访司法的过程：导言[1]

亚瑟·科宾[2]

本杰明·内森·卡多佐，纽约上诉法院首席法官，美国最高法院法官，以在耶鲁大学所作的四次讲座为基础所作的题为《司法过程的本质》的作者，是一个长相俊秀、有个人魅力和敏锐思想的人，现在提笔写他时能再次产生他四十年前带给他在耶鲁的朋友们和听众们强烈的快乐。他的微笑能感化人，他的谦逊和敏锐的理解力能立即唤起人的自信，而且，他优美的语言（书面的和口头的），成为他的思想的完美表达。

司法审判席上的卡多佐足以给人证明，法官是满足想象力和实现希望的伸张正义的人（the dispenser of justice）。在最后辩论之后的司法会议上，在没有一丁点假定的优越感或普遍性智慧的情况下，他增加了一个如此有说服力的因素，以至于他很

---

〔1〕 Arthur L. Corbin, *The Judicial Process Revisited*: *Introduction*, 71 Yale Law Journal 195 (1961).

〔2〕 亚瑟·科宾，耶鲁大学法学院教授，著有《科宾论合同》。——译者注

少站在反对意见的一方。判决不总是一致的，因为法官们不是总能以他那明亮的眼睛进行观察。他们可能被这些东西纠缠：经验法则、书本上表述的原则、从老教授的讲座认真记下的原则、讲授的规则是永恒的并且不得被弱化为变化和不确定性的信念。卡多佐的思想和心灵是自由的，但他对表述的规则和原则有足够的尊重。他对于无所不包的智慧（all-wisdom）没有心存幻想，他对与他一起审判的法官们的意见表示公正的尊重。

1921年，在美国法学院协会的邀请下，卡多佐来到芝加哥，并在它的年会上做发言，以支持在第二年成立美国法学会的提议。在他充满智慧和幽默、有魅力的演讲（与他的很多职业演讲相称，在归档的1921年的年度报告中只有四页）中，他否认任何特殊的智慧，说道：

除了我自己对这个项目的赞同和兴趣，一个做点什么和愿意在我极其有限的能力之内合作完成这一工作的信念，我没有其他的话要说，也没有其他的意见要提供。〔1〕

凭着敏锐的准确性，他接着陈述法官的职能及其局限性，并就研究院或学会可能扮演的角色提出建议。最为重要的一点，他说，学会的职能是进行合作。

我们将以相互帮助、愿意合作的态度和心境以及多种多样类型、能力和成就的融合取代敌对的、不信任的心态和心境。

〔1〕 Address of Judge Cardozo, in Handbook of The Ass'n of American Law Schools And Procedings of The Ninetheeenth Annual Meeting 117 (1921).

当然，在这一过程中，会有损失，会有收益。有时候，一个人必须将他想留下的东西扔掉。一个人的宠物爱好有时候会被人嘲笑，一个人最珍爱的公式会被拒绝。在有必要说服或安抚其他六个或更多的人，一个在上诉法院审判的法官最终对这些残杀和残害的场景多少变得习以为常。然而，在交流中，人获得其他的事物，可以减轻损失。

最终，他获得了该报告所描述的“热烈的掌声”。

1921 年对法学教授集体的这一发言，发生在基于讲座的《司法过程的本质》出版后不久，是他在耶鲁做这些讲座的一年之后。本纪念文章的作者比现存的任何人（汤姆斯·W. 斯旺法官除外）了解得更多，在这些讲座的筹备中发挥了积极作用。我被作为纽约上诉法院成员的卡多佐的司法意见书所吸引，并对他在 DeCicco v. Schweizer 案中的意见发表了详细的批评，这个批评在表达热烈钦佩的同时也提出了不同的分析意见。这在当时引起了一些信函往来。我们将《耶鲁法学杂志》的赠送订阅作为礼物发送给他，这一礼物带来了他对杂志编辑们的一封感谢信。

1918 年，我们教职工面临着一个常年性问题，即寻找一位称职的、有吸引力的人来做斯托尔斯讲座。某些卡多佐之前的系列演讲者是称职的、有吸引力的，但不是所有的演讲者都有压得住听众的风格或演讲方式。因此，在 1903 年，费德里克·波洛克爵士在耶鲁做了具有诗意名称的“普通法的女神”的讲座，该讲座在实质和形式上都很有吸引力。所有的教职工和学生都参加了他的第一个讲座。当时我是入职一年的讲师，费德里克爵士的大名激发了我的想象，唤起了我很大的期待。我仔细听却几乎什么都听不懂。费德里克爵士的近视眼近距离地盯着讲稿，隔着胡须说话含糊不清，带有被描述为“伦敦方言”的口音。五年之后我将这一事实报告给一位当时是内殿律师会馆注册律师的远房亲戚，他后来成为布雷齐诺斯学院的副校长和国际法的作者。这位年轻人的说话方式和我非常相像，我感到惊讶（根据我自己对费德里克爵士的经历）。带着年轻法科学生的敏捷和自信，他回答说：“哦，费德里克爵士永远无法通过律师执业在伦敦这里谋生。”在他后续的演讲中，除了邀请他的教职工，他实际上一个听众都没有了。费德里克爵士似乎一点也没受到这种情况的干扰。

尽管我们都没有见过卡多佐法官，我们热烈地赞同由斯旺院长发给他的讲座邀请。我们很快就收到来自纽约的一封回函。卡多佐在信中写道，他对我们认为他胜任做这样的系列演讲感到惊讶，然而他认为很难接受邀请，因为（他写道）“没有什么可以说”。但他非常感谢我们想到他，他希望拜访我们，在纽黑文和我们认识。日期定了下来，卡多佐在院长办公室与我们见面。他的面孔告诉我们，他就是我们要找的人。在介绍之后，我们在院长办公桌附近坐成半圆形。卡多佐重复他在信中所写的，特别是他的感谢，但他可能无法接受邀请，因为“没有什么可以说”。在这一时点上，有人提出以下建议："卡多佐法官，您能否向我们的学生解释一下作出案件判决的过程，以及在这个过程中借助哪些资源？"伴随着头部轻微的颤动和片刻的犹豫，他答复道："我认为我能做得到。"我们找到了我们的演讲者。

在接下来的12个月期间，卡多佐在司法工作之余准备题为《司法过程的本质》的讲座。他被安排连续四天下午五点作演讲。第一次讲座是在一个可以容纳250人的演讲厅里进行的。就如同费德里克·波洛克爵士的情况一样，每位学生和教职工都坐在屋里。站在讲台上，他表情丰富的面孔，黑色的眼睛，白色的头发，灿烂的笑容，所有这一切在我们面前一览无余，他读着讲稿，在六点结束。他鞠躬坐下。所有听众都站了起来，爆发出持久的掌声。卡多佐站起来鞠躬，带着一种愉悦和难为情的微笑，然后再次坐下。没有人移步走开，掌声越来越多。带着一点疑惑，卡多佐意识到他得第一个离开。他走下台阶，和教职工从侧门离开，掌声还在他耳边萦绕。

第二天，每个学生必定是把自己的朋友都带来了。演讲厅挤满了人，还有很多人要挤进来，我们于是将讲座转至附近可以容纳500人的Lampson Lyceum演讲厅。对于剩下的几场讲座，这个演讲厅座无虚席。每天晚上六点，第一天的仪式被精准地重复：站立起来的听众，持续的掌声，愉悦的笑容，感谢性的鞠躬，在同学们站立欢呼时与其他教职工一同离开。连续四天，我们被他所讲的内容和他的演讲方式迷住了。他激发了我们对法律的追求，让我们的内心感到温暖。我后来再也没有类似的体会。对他而言，它必定带来一种内心深处不断重现的情感，就如同我在40年后书写此事时的情感重现一样。

在第四次讲座结束时，我们围在他附近，我们说我们必须将他的讲稿交给耶鲁大学出版社出版。带着笑容却有点感到为难地，他说他“不敢让它出版”。他半严肃地补充道：“如果它出版，我会被弹劾。”虽然带有理解的微笑，但没有一丝的严肃。当然，他将讲稿交给了我们。在这本简洁的小书出版的12个月内，光纽约一地就销售了3000册，其他的结果无须我多说。在这之后，他带着更大的自信在耶鲁、哥伦比亚和其他学校做了其他的讲座。

作为美国法学会的副主席，卡多佐参加了很多关于“法律重述”（Restatement）的会议。在这一过程中，他的某些愿望得以实现，但对于其他的他必定感到极为失望。无论报告人和他们的顾问的“多种多样的类型、能力和成就”是什么，这个国家没有足够的能力将这么多的素材简化为准确、有序、表达清晰的方式，作出最新的概括。为这一工作选定的“重述”的名称表明很多人拥有错误的观念，认为普通法是由许多永久和绝对的规则和原则组成的，而法学会的职能是消除模糊不清和错误，使它们恢复至原始的清晰和完美。有一些领域的报告人似乎认为，“衡平法”对普通法的影响不在他的考虑范围之内。任何持有这种看法积极而参与这一过程的人必定是逐渐地感到幻想破灭。而那些持有这种看法但未参与这一过程的人必定是已感到失望。那些在30年之后正在参与起草“修订”（Revision）的人，深知“法律重述”无法达到永久的完美，更不用说从它开始，尽管他们在必要时将它作为面向未来而采取的下一步工作的基础。

本作者可以为卡多佐积极合作的一个事例作证。我起草了第357条，对即使原告重大违约也有获得某种程度补偿的权利的规则作出解释。它肯定不是对任何普遍认可规则的“法律重述”。我将提议的该条发给卡多佐。他回函明确表示反对。为了进行自我辩解，我准备了一篇用来发表的论文，对很多案件的事实和它们实际的判决做了陈述。我将该文稿发给卡多佐，结果我们达成了一致的意见。他自己亲自起草了该条的第二款，就是它现在的样子，而他对我的第一款和第三款表示同意。

这里不是对《司法过程的本质》的实质内容做批判性评论之处。没有一个具有独立思想的人会对另一个人的结论和推理百分之百地接受，即使是对于像卡多佐和霍姆斯这样让人崇拜的大师。最好的做法是以95%的优势抨击那些不接受它的人。我的看法是，卡多佐将司法过程细分为四种方法会对不警觉的人造成误导，认为它们被界栏分为四个隔间。它们只是一个方法（即卡多佐的方法）的四个方面。而且，我认为，他对案件分为以下三类，可能导致对它们作出不恰当的强调：第一类是那些“法律及其适用同样是清楚的”案件；第二类是“法律规则是确定的，只有它的适用是不确定的”案件；第三类是其他的案件，在这些案件中，“一个判决会以这种或那种方式对未来具有重要作用，会或多或少推动或阻碍法律的发展”。[1]

事实上，存在程度上的很大差异，这些程度上的差异是如此之大，以至于可以被描述为类别上的差异。但有很多的案件，即使是坐在同一审判席上的法官，也无法就当前案件应归入哪个类别达成一致意见。在法院决定它的适用之前，“法律规则是确定的”案件存在于何处？所有的“法律规则”是具有不确定性边缘和变化内容的词语的集合。一个词语不是一颗“水晶”，而是“鲜活的（变化的）思想”的外皮。[2] 这同样适用于称为“规则”或“原则”的任何一组词语。除了被人们用作在不同情景下表达他们不同思想的“外皮”，词语没有任何含义。将“法律规则”和它的适用分开是空洞无物的。正是通过一系列或多或少类似的“适用”（判决），法律规则被陈述、修改和重新陈述。对新事实的每一次适用添加了（或减少了）它的内容，并且迟早促使作出新的“重述”和新的“修订”。这是法律成长的进化过程。

并非仅仅是那些明显恰好属于第三类的案件，导致卡多佐在“担任法官的最初几天感到压抑和沮丧”。他所“开始”的

---

〔1〕 Cardozo, The Nature of the Judicial Process 164-165 (1921). 科宾此处的引用与卡多在原文略有不同，这里依据科宾的表述译出。——译者注

〔2〕 Tower v. Eisner, 245 U. S. 418, 425 (1918) (opinion of Holmes, J.).

“旅程”是“茫然无知”的。但尽管“对它（规则的确定性）的追求是徒劳的”，他找到让他感到欣慰和自信的司法适用方法：

随着岁月的流逝，当我越来越多地思考司法过程的本质，我已经接受这种不确定性，因为我已逐渐明白，它是不可避免的。我已逐渐明白，司法过程的最高境界（完全实现）不是发现，而是创造。怀疑和担忧、希望和恐惧是心灵煎熬的一部分，是生死之痛，在这里面，服务于它们那个时代的原则死亡，新的原则诞生。[1]

卡多佐在芝加哥针对法学教授的发言，让人对为什么他们把他当作司法英雄一目了然，遭到他的某些法官同胞的妒忌。他承认学者在识别、重述和发展法律原则中的必要职责。他谈到现有对于只是“理论家”和“法律理论”的不信任，由律师和法官表达出的不信任，由“与行动中的法律打交道的人，正在酣战中的人”的不信任。他认为可以自由地谈论“坦率地对待这点，因为我自己没有这种不信任”。有谁不喜欢“认可”？然而，卡多佐没有这种“不信任”，有充分和持久的理由。生命进化（Progression of life）在法律理论中带来的危害，要比在司法“判决”中的危害更加确定和迅速。但是这些“理论”是由法官和赞同它的学者作为理由来宣布的。曼斯菲尔德勋爵向一位年轻的法学家提供的建议是：“你的决定可能是对的，但你的

[1] Cardozo, The Nature of the Judicial Process 166-167 (1921).

理由肯定是错的。”

卡多佐的司法方法将所有可能的司法和社会智慧和经验放到一起，授予专职学者崇高的地位。Erie v. Tompkins 规则的主要缺陷在于这一事实：它拒绝承认不同州的诉讼当事人享有他的司法方法的有利因素，并且依据的是不真实的宪法必要性。在不同州诉讼当事人之间的案件中，联邦法院经过接纳联邦宪法的各州人民的授权，应对不同州的诉讼当事人公平对待。他们和其他的诉讼当事人一样，有权享有同样明智的和令人满意的司法程序。不是联邦宪法而是 Erie v. Tompkins 案的判决，拒绝了卡多佐的方法赋予他们的好处。最高法院自己可以并且的确抛弃了针对低级别联邦法院强加的紧身衣。通过利用所有卡多佐提供的资源，联邦一般法对于所有各州都是“共同的”。低级别的法院只有通过诡计才能这样做，并且担心这样做会被改判。

卡多佐的方法并没有赋予学者首要的地位。

我没有说任何贬低法院、它们的学识或能力的话。在这个秘密的批评者会议上，我没有做出任何不利的承认。我坚持我的宪法权利，而且，我不应通过不必要的承认来增加法官这一群体的负担。……在所有这一切中，我没有试图贬低法官创制的法律的价值，或是对它的缺陷进行夸大。相反，我确信这是法律发展和成长的最好的和最灵活的方式，仅仅是因为我认为

——*我渴望为法官提供现代学术和学识的资源和成果。*[1]

只有不成熟的学术思想才没有意识到，学者进行概括所应当依据的主要资料来源，是成千上万的法院判决和司法意见书。他还必须意识到，他的概括必须根据法院针对不断变化的生活问题的适用（或拒绝）经过检验、变更、重述和抛弃。这是“法律重述”必须被修改和重新表述的一个主要理由。这是当前10年的“修订”与30年前发布的“法律重述”有很大不同的原因。这是这个时代的“修订”在30年内需要新的“修订”。尽管新“修订”的依据仍然是有价值的、部分错误的、明显不足的、发育不良的和不能实行的以往的“法律重述”，但到时会有新的分类、更加敏锐的分析以及新的规则和解释。

---

〔1〕 Address of Judge Cardozo, *op. cit. supra* note 1, at 118.

译后记

王绍喜

在《荆棘丛》出版之后，我没有新的翻译计划，一度打消了继续译书的想法，因为我对于书非常挑剔，我认为很难找到《荆棘丛》这样打动我的书了。实际上，我在《荆棘丛》出版后很长一段时间内很少翻阅它，总担心是否会出现一些不该出现的误读或错译。后来，逐渐看到一些认为译文尚可的积极评价，而且市场反馈该书的销量相当好，我才稍微感到宽慰。再后来，借着研究和读书会的机会我重读译文，总算感到有些放心，至少没有发现明显的瑕疵。尽管如此，对于该书中桑德堡诗歌的翻译，我仍然感到不满意，总觉得还差那么一点意思。

2021 年 3 月，我决定将现实主义法学作为我的研究课题。这纯粹是基于我个人的兴趣爱好。为此，我几乎将除上课之外的所有的时间放在现实主义法学相关文献的阅读、梳理以及论文的写作上。在这一过程中，我发现，卡多佐的《司法过程的本质》一书被现实主义法学学者频繁引用。不仅如此，这些学者对卡多佐给予了高度的评价。例如，卢埃林在《普通法传统》

一书中就对该书进行了讨论，不仅肯定了卡多佐对司法技艺的娴熟运用，而且将卡多佐的司法风格作为普通法传统的一部分。另一位现实主义法学学者格林，则在其论著中对卡多佐在侵权法方面的贡献做了专门的研究。后来，我了解到卡多佐是现实主义法学的先行者，有的学者甚至将他归入现实主义法学群体这一阵营。

在我国，虽然卡多佐法官是一个响当当的名字，但是他在美国法学中到底扮演一个什么样的角色，学者往往语焉不详，或者直接略过不提。读者关于卡多佐的一些描述，可能主要来自波斯纳法官的论述，而波斯纳本人认为，现实主义法学没有什么原创性。然而，正如他所指出的，现实主义法学在 19 世纪 30 年代就从社会科学的角度研究法律，恰恰可以说是“法律和 X”运动的先驱。因此，如果我们跳过现实主义法学，我们对美国法学的理解就很难说是完整的。于是我想，如果我从现实主义法学的视角去翻译《司法过程的本质》一书，或许能给读者带来一些新的感受，或者带来一些新的发现。例如，通过卡多佐，我们可以看到他对现实主义法学的影响，可以看到他对社会事实的强调。弗兰克在《法律与现代精神》的一个注释中说：“他（卡多佐）的著作对于法律现实主义的思考具有不可估量的价值。”此非虚言！

在确定了翻译计划和签订翻译合同之后，翻译工作就按部就班地进行。大部分的翻译是放在晚上进行的。我没有给自己设定每天翻译字数的任务。有时，一个晚上只翻译几句话。有时，我觉得，翻译是一件“很笨”的工作，它需要你有耐心、沉得住气，需要你把每个词、每句话弄清楚。就此而言，翻译可以说是一项“基础”的工作。但另一方面，翻译对于翻译人员又提出很高的要求。理解作者的原意无疑是从事翻译的前提，但这项工作并不容易。陌生的、过时的甚至不再使用的词语、词语的多义性、复杂的句式、表达的风格以及特定的语境，都对翻译人员提出挑战。不仅如此，最为关键的是，要以符合中文习惯的句式表达出来，让读者能读懂、读通、读顺。在我看来，一些译文之所以让读者不知所云，可能是因为译者对原意的理解不够透彻，也可能是拘泥于原文而无法找到符合中文习惯的句式表达，也可能是两者兼有之。

本书是卡多佐在耶鲁大学所做的斯托尔斯讲座的成果。在英美等国，对演讲进行整理然后成书出版是一个较为悠久的传统。斯托尔斯讲座是耶鲁大学设立的著名讲座。通常，讲座的主讲人是某一领域有造诣的人士。就斯托尔斯讲座而言，除了卡多佐，该讲座的主讲人还有后来的宪法学者比克尔、法理学者卢埃林、宪法学者布鲁克曼以及拉兹和桑斯坦等学者。卡多佐在讲座中对司法过程的本质这一主题进行演讲，分析了司法过程使用的各种方法，包括哲学的方法、历史的方法和社会学的方法，对其适用中的范围和存在问题做了精彩的分析。在读这些演讲文字时，我们仿佛看见一位睿智的法官凭借着丰富的法律实践经验就司法的过程娓娓道来，卡多佐优雅、讲究的语言和变化多样的句式展示了他的文学修养和法学功底。为了便于读者对卡多佐法官有更多的了解，我翻译了汉德法官、科宾教授和格林教授公开发表的对卡多佐的追忆和评价，作为本书的附录。我认为，这些附录对于理解和研究卡多佐是有价值的。

需要指出的是，本书将书名中的 nature 译为“本质”，而不是“性质”，书名因此变为《司法过程的本质》。之所以这样翻译，不是因为想创新出奇，而是基于两个理由：一是，在英文中，依据《韦氏大学英语词典》，nature 指的是本质（essence），即人或事物的固有特征或基本构成（the inherent character or basic constitution of a person or thing，《韦氏大学英语词典》，中国大百科全书出版社 2014 年版，第 826 页）；二是，在中文的语境下，根据《现代汉语词典》，“本质”指“事物本身所固有的，决定事物性质、面貌和发展的根本属性”，而“性质”则指“一种事物区别于其他事物的根本属性”（中国社会科学院语言研究所词典编辑室编：《现代汉语词典》商务印书馆 2012 年版，第 63、1470 页）。从本书论述的司法过程这一主题来看，作者采用了哲学、历史学、社会学等方法对司法的过程进行分析，是偏向司法过程的本质的探讨，而不是关于性质的讨论，因此，我认为将其译为“本质”似乎更加贴切。

对于译著的最终出版，我要表示感谢。感谢“麦读”的曾健先生的独到眼光和全力支持，将此书列入“麦读译丛”，这一译丛在学人和法律人层面已经产生并正在产生越来越大的影响。感谢游翔编辑为本书的出版所提供的专业、高效的努力，让本书得以这样理想形式呈现在读者面前。感谢美国哥伦比亚大学图书馆和档案馆提供了卡多佐的照片。我还要特别感谢我的同事王建学教授，建学教授对书中涉及的相关法文做了令人印象深刻的翻译。在翻译过程中，周维明研究员提供了一些好的翻译建议，特此感谢。感谢我的研究生李冰琦和王晴阅读了部分译稿，并提出一些修改建议。最后，感谢我的家人，感谢你们对我工作的全力支持。

王绍喜

2022 年 9 月 28 日初稿

2023 年 3 月 10 日定稿

图书在版编目（CIP）数据

司法过程的本质/（美）本杰明·卡多佐著；王绍喜译．—北京：中国民主法制出版社，2023.5

ISBN 978-7-5162-3221-7

Ⅰ.①司… Ⅱ.①本…②王 Ⅲ.①司法制度-研究-美国 Ⅳ.①D971.26

中国国家版本馆CIP数据核字（2023）第090968号

图书出品人：刘海涛
图 书 策 划：麦 读
责 任 编 辑：陈 曦 庞贺鑫 游 翔

书名/司法过程的本质
作者/［美］本杰明·卡多佐
译者/王绍喜

出版·发行/中国民主法制出版社
地址/北京市丰台区右安门外玉林里7号（100069）
电话/（010）63055259（总编室） 63058068 63057714（营销中心）
传真/（010）63055259
http：//www.npcpub.com
E-mail：mzfz@npcpub.com
经销/新华书店
开本/32开 850毫米×1168毫米
印张/4.75 **字数**/90千字
版本/2023年6月第1版 2023年6月第1次印刷
印刷/北京天宇万达印刷有限公司

书号/ISBN 978-7-5162-3221-7
定价/39.00元